MIX
Papier aus verantwortungsvollen Quellen
Paper from responsible sources
FSC® C105338

Christopher Weber / Satoshi Probala

Die Einstellungsforschung im Kontext der Dissonanz- und Selbstwahrnehmungstheorie

Untersuchungen zur Einstellungsbildung und -änderung

Diplomica Verlag GmbH

Weber, Christopher / Probala, Satoshi: Die Einstellungsforschung im Kontext der Dissonanz- und Selbstwahrnehmungstheorie: Untersuchungen zur Einstellungsbildung und -änderung. Hamburg, Diplomica Verlag GmbH 2013

Buch-ISBN: 978-3-8428-8481-6
PDF-eBook-ISBN: 978-3-8428-3481-1
Druck/Herstellung: Diplomica® Verlag GmbH, Hamburg, 2013

Bibliografische Information der Deutschen Nationalbibliothek:
Die Deutsche Nationalbibliothek verzeichnet diese Publikation in der Deutschen Nationalbibliografie; detaillierte bibliografische Daten sind im Internet über http://dnb.d-nb.de abrufbar.

Das Werk einschließlich aller seiner Teile ist urheberrechtlich geschützt. Jede Verwertung außerhalb der Grenzen des Urheberrechtsgesetzes ist ohne Zustimmung des Verlages unzulässig und strafbar. Dies gilt insbesondere für Vervielfältigungen, Übersetzungen, Mikroverfilmungen und die Einspeicherung und Bearbeitung in elektronischen Systemen.

Die Wiedergabe von Gebrauchsnamen, Handelsnamen, Warenbezeichnungen usw. in diesem Werk berechtigt auch ohne besondere Kennzeichnung nicht zu der Annahme, dass solche Namen im Sinne der Warenzeichen- und Markenschutz-Gesetzgebung als frei zu betrachten wären und daher von jedermann benutzt werden dürften.

Die Informationen in diesem Werk wurden mit Sorgfalt erarbeitet. Dennoch können Fehler nicht vollständig ausgeschlossen werden und die Diplomica Verlag GmbH, die Autoren oder Übersetzer übernehmen keine juristische Verantwortung oder irgendeine Haftung für evtl. verbliebene fehlerhafte Angaben und deren Folgen.

Alle Rechte vorbehalten

© Diplomica Verlag GmbH
Hermannstal 119k, 22119 Hamburg
http://www.diplomica-verlag.de, Hamburg 2013
Printed in Germany

Inhaltsverzeichnis

ABSTRACT III
1 EINLEITUNG 1
   1.1 Definition der Einstellung 1
   1.2 Die verhaltensbezogene Komponente der Einstellung 2
2 DISSONANZTHEORIE 4
   2.1 Herleitung der Dissonanztheorie 4
   2.2 Studien zur kognitiven Dissonanz 6
   2.3 Zusammenfassung der Dissonanztheorie 11
3 SELBSTWAHRNEHMUNGSTHEORIE 13
   3.1 Herleitung der Selbstwahrnehmungstheorie 13
   3.2 Empirische Studien zur Selbstwahrnehmungstheorie 15
   3.3 Zusammenfassung der Selbstwahrnehmungstheorie 17
4 VERGLEICH DER DISSONANZ- MIT DER SELBSTWAHRNEHMUNGSTHEORIE 18
   4.1 Unterschiedliche Erklärung desselben Phänomens 18
   4.2 Vergleichende Studien zu den beiden Theorien 20
      4.2.1 Interpersonale Simulationen 20
      4.2.2 Vorherrschende Einstellungsvalenz 20
      4.2.3 Vorherrschende Einstellungsintensität 24
   4.3 Gültigkeitsbereich der beiden Theorien 25
   4.4 Interpretation der inkonsistenten Resultate 27
5 HERLEITUNG DER HYPOTHESEN 30
   5.1 Formulierung der Voraussetzungen 30
   5.2 Formulierung des Gültigkeitsbereiches der beiden Theorien 32
   5.3 Formulierung des Zusammenhangs zwischen der vorherrschenden Einstellung und dem Arousal 33
   5.4 Formulierung der Indikatoren zur Dissonanztheorie 35
   5.5 Formulierung der Indikatoren zur Selbstwahrnehmungstheorie 36
   5.6 Zusammenfassung der Hypothesen 36
6 METHODE 39
   6.1 Experimentelles Design 39
   6.2 Einstellungsobjekt 40
   6.3 Messinstrumente 40
      6.3.1 Einstellungsvalenz und -intensität 40
      6.3.2 Arousal (Erregungszustand) 41
   6.4 Versuchsplan 41
      6.4.1 Rekrutierung 41

	6.4.2	Erste Einstellungsmessung	42
	6.4.3	Coverstory und Installation des Messgeräts	42
	6.4.4	Manipulation	43
	6.4.5	Zweite Einstellungsmessung und Manipulation der Handlungen	44
	6.4.6	Misstrauensitems	45
7	RESULTATE		47
	7.1	Stichprobe	47
	7.2	Prüfung der Eindimensionalität	47
	7.3	Aufbereitung der Rohdaten	48
	7.3.1	Berechnung der Einstellungsvalenz und -intensität	48
	7.3.2	Berechnung der elektrodermalen Aktivität	49
	7.4	Prüfung der Kontrollitems	51
	7.5	Prüfung der Voraussetzung: Änderung der Einstellung	52
	7.6	Prüfung des Zusammenhangs zwischen der vorherrschenden Einstellung und dem Arousal	54
	7.7	Prüfung der Indikatoren zur Dissonanztheorie	59
	7.8	Prüfung der Indikatoren zur Selbstwahrnehmungstheorie	60
	7.9	Prüfung des Gesamtmodells	61
8	DISKUSSION		63
	8.1	Interpretation der Ergebnisse	63
	8.2	Erklärung der Resultate anhand der beiden Theorien	67
LITERATURVERZEICHNIS			70
ANHANG A: KOGNITIVE AUFGABEN & AROUSAL			74
ANHANG B: MANIPULATION, ZWEITE EINSTELLUNGSMESSUNG UND KONTROLLITEMS			78

ABSTRACT

Der in dieser Arbeit vorgestellte Erklärungsansatz zur Einstellungsbildung und –änderung postuliert, dass die Selbstwahrnehmungstheorie die Einstellungsbildung, die Dissonanztheorie die Einstellungsänderung zu erklären vermag.

Um diese Aussage empirisch zu testen, führten wir ein Laborexperiment durch, bei dem die Probanden forciert wurden, entweder einer oder zwei einstellungsdiskrepanten Handlungen zum Thema *20min* zuzustimmen. Erhoben wurden die prä- und post-manipulative Einstellungsvalenz und –intensität sowie das prä- und post-manipulative Arousal.

Hypothesenkonform zeigten die Probanden tatsächlich eine Veränderung der Einstellungsvalenz zugunsten der kritischen Handlung bzw. Handlungen. Entgegen unseren Erwartungen ist das Ausmass des erlebten Arousals allerdings unabhängig von der prä-manipulativen Einstellungsintensität und davon, ob eine grosse Diskrepanz zwischen der prä-manipulativen Einstellungsvalenz und der Handlung bzw. den Handlungen besteht. Auch die Veränderung der Einstellungsvalenz steht weder in einem systematischen Zusammenhang mit der Stärke des erlebten Arousals, noch mit der Anzahl eingewilligter Handlungen. Der Erklärungsansatz zur Einstellungsbildung und –änderung kann aufgrund der Resultate also nicht bestätigt werden.

1 EINLEITUNG

1.1 Definition der Einstellung

Die Frage, was Einstellungen genau sind, wie sie gebildet und verändert werden, wie sie gemessen werden können und welcher Zusammenhang zwischen Einstellung und Verhalten besteht, wurde in der Forschung breit diskutiert. Immer wieder werden die neuesten Erkenntnisse aus der Einstellungsforschung in *Review Artikeln* zusammengefasst (z.b. Ajzen, 2001; Cialdini, Petty & Cacioppo, 1981; Crano & Prislin, 2006; Petty, Wegener & Fabrigar, 1997; Tesser & Shaffer, 1990). Wir wollen uns für diese Arbeit mit einer umfassenden Definition begnügen und uns dann auf zwei klassische Theorien konzentrieren, die erklären, wie Einstellungen gebildet bzw. verändert werden. Es handelt sich dabei um die Dissonanztheorie (Festinger, 1957) und die Selbstwahrnehmungstheorie (Bem, 1972).

Eagly und Chaiken (1993) definieren Einstellungen als „eine psychologische Tendenz, die sich durch Evaluation einer spezifischen Entität als zu- oder abneigend ausdrückt" (Eagly & Chaiken, 1993, S. 1). Gemäss dieser Definition beinhaltet eine Einstellung die drei Schlüsselaspekte Tendenz, Entität und Evaluation. Diese drei Faktoren bestimmen das Ausmass, zu welchem eine Person ein spezifisches Einstellungsobjekt positiv oder negativ bewertet. Wird eine Person mit einem Objekt (Entität) konfrontiert, löst dies bestimmte evaluative Reaktionen aus. Diese Bewertungen können bewusst oder unbewusst sowie kognitiv, affektiv oder verhaltensbezogen sein. Als Folge dieser Konfrontation und der dadurch ausgelösten evaluativen Prozesse entsteht eine psychologische Tendenz, die vorhersagt, wie eine entsprechende Person in Zukunft auf das Einstellungsobjekt reagieren wird. Dies kann in einer Zu- oder Abneigung resultieren (Eagly & Chaiken, 2007). Die psychologische Tendenz lässt sich als Einstellung im engeren Sinne gegenüber der Entität betrachten.

Mit dieser Definition gelingt es den Autoren, möglichst viele Konzepte und Theorien aus der Einstellungsforschung einzubeziehen. So können Entitäten Personen, Objekte oder abstrakte Konstrukte sein. Die evaluativen Prozesse können sich auf kognitive (z.B. es gibt viele Ausländer), affektive (z.B. Abneigung gegenüber Ausländern) oder verhaltensbezogene Elemente (z.B. soziale Interaktion mit Ausländern) beziehen, die entweder implizit oder explizit vorhanden sind. Somit wird die Definition auch der Annahme gerecht, dass implizite Einstellungen vorhanden sein können, welche sich nicht durch Befragungen messen lassen. Für die eigentliche Einstellung wurde bewusst der Ausdruck *psychologische Tendenz* verwendet, anstatt *Disposition* oder *Zustand*. Denn letztgenannte würden auf eine dauerhafte Stabilität der Einstellung hindeuten. Es gibt jedoch Forscher, die der Meinung sind, Einstellungen seien instabil und würden situativ immer wieder neu konstruiert (vgl. z.B. Schwarz, 2007).

1.2   Die verhaltensbezogene Komponente der Einstellung

Lange herrschte bei Psychologen die Meinung vor, dass eine Verhaltensänderung zunächst eine Einstellungsänderung voraussetzt. Verschiedene Studien belegen, dass die Einstellung tatsächlich ein nützlicher Prädiktor für zukünftiges Verhalten sein kann (vgl. z.B. Andrews & Kandal, 1979; Kahle & Berman, 1979). Diese Annahme musste allerdings der Erkenntnis weichen, dass ein Verhalten ebenso die Einstellung verändern kann (vgl. z.B. Aronson, 1997; Bem, 1972; Festinger, 1957). Einstellungen, welche aufgrund einer direkten Erfahrung mit einem Einstellungsobjekt gebildet werden, sind sogar ein besserer Prädiktor für das Verhalten als Einstellungen ohne solche Erfahrungen (Regan & Fazio, 1977; Songer-Nocks, 1976). Anstelle der ursprünglich angenommenen einseitigen Wirkungsrichtung kann man heute davon ausgehen, dass sich die vorherrschenden Einstellungen und das gezeigte Verhalten gegenseitig beeinflussen.

Gemäss Eagly und Chaiken (2007) können Einstellungen durch kognitive, affektive oder verhaltensbezogene Aspekte ausgedrückt und geformt werden. Dabei müssen die genannten Aspekte keinesfalls gemeinsam auftreten. Eine Interaktion mit einem Einstellungsobjekt kann bereits genügen, um eine Einstellung zu formen, ohne dass kognitive oder affektive Prozesse involviert werden müssen. Zwei Theorien, welche diesen verhaltensbezogenen Aspekt der Einstellungsbildung erklären, sind die Theorie der kognitiven Dissonanz (Festinger, 1957) und die Theorie der Selbstwahrnehmung (Bem, 1972). Beide Theorien erklären eine Veränderung der Einstellung aufgrund einer Handlung. Sie gehen aber von unterschiedlichen Prozessen aus, welche diesen handlungsbedingten Einstellungsänderungen zugrunde liegen. Die Selbstwahrnehmungstheorie wurde dabei als alternative Erklärung zur Dissonanztheorie formuliert.

Im Folgenden sollen die beiden Theorien hinsichtlich der theoretischen Herleitung und der empirischen Evidenz ausführlich beschrieben und miteinander verglichen werden. Das Ziel dabei ist, den Gültigkeitsbereich jeder einzelnen Theorie aufzuzeigen und Hypothesen zu formulieren, wie die beiden Theorien zusammenhängen könnten. In einem zweiten Schritt werden die Theorien dann in einem umfassenden experimentellen Versuch hinsichtlich ihres Wirkungsbereiches gegeneinander getestet. Es wird dabei postuliert, dass sich die zwei Theorien nicht ausschliessen, sondern ergänzen. Schliesslich werden die Ergebnisse interpretiert und diskutiert.

2 DISSONANZTHEORIE

2.1 Herleitung der Dissonanztheorie

Die Theorie der kognitiven Dissonanz geht auf Festinger (1957) zurück. Sie postuliert, dass zwischen zwei oder mehreren kognitiven Elementen irrelevante, dissonante und konsonante Beziehungen bestehen können. Kognitive Elemente können dabei entweder das eigene Verhalten sein oder sich auf Faktoren der Umwelt beziehen. Ein einfaches Beispiel für eine irrelevante Beziehung zwischen zwei kognitiven Elementen ist „Ich bin Nichtraucher" und „Ich mag Schokolade". Eine konsonante Beziehung besteht zwischen den beiden Elementen „Ich bin Nichtraucher" und „Ich versuche, gesund zu leben". Ein Beispiel für eine dissonante Beziehung zwischen kognitiven Elementen wäre „Ich bin Raucher" und „Rauchen schadet meiner Gesundheit".

Da die Existenz von Dissonanz psychologisch als unangenehm wahrgenommen wird, versuchen Menschen grundsätzlich, sich konsonant zu verhalten und Dissonanz zu vermeiden. Dabei wirkt die Dissonanz als eigenständiger, motivierender Faktor. Die Theorie basiert darauf, „[…] dass ein Druck besteht, konsonante Beziehungen zwischen Kognitionen herzustellen und Dissonanz zu vermeiden und zu reduzieren" (Festinger, 1978). Die Stärke der Dissonanz ist dabei eine Funktion der Wichtigkeit der Elemente und bestimmt den Druck zur Dissonanzreduktion. Je stärker die Dissonanz ist, desto grösser ist die Motivation zur Reduktion von Dissonanz. Wenn nun zwischen zwei Elementen eine dissonante Beziehung besteht, kann die Dissonanz durch die Änderung eines Elements beseitigt werden. Dabei stehen folgende Strategien zur Verfügung:

1. Änderung eines kognitiven Elements, welches das Verhalten betrifft: Dissonanzbeseitigung bzw. –reduktion durch die Änderung einer Handlung oder eines Gefühls.
2. Änderung eines kognitiven Elements, welches die Umwelt betrifft: Dissonanzbeseitigung bzw. –reduktion durch die Änderung der Situation.
3. Hinzufügen neuer kognitiver Elemente: Dissonanzbeseitigung bzw. –reduktion durch Hinzufügen neuer kognitiver Elemente, welche die Wichtigkeit der bestehenden dissonanten Kognitionen verringern oder die beiden dissonanten Elemente miteinander in Einklang bringen.

Diese Strategien lassen sich am besten durch ein Beispiel verdeutlichen: Eine Person, die sich der gesundheitsschädigenden Wirkung des Rauchens bewusst ist und trotzdem raucht, erlebt aufgrund der Unvereinbarkeit dieser beiden kognitiven Elemente Dissonanz. Sie könnte nun einfach ihr Verhalten ändern und aufhören zu rauchen (1). Sie könnte aber auch die negativen Folgen des Rauchens verneinen und somit die Situation verändern (2) oder nach Argumenten suchen, die die positiven Eigenschaften des Rauchens hervorheben (3).

Für diese Arbeit besonders relevant sind die Aussagen von Festinger (1957) zur Dissonanz unter forcierter Einwilligung. Wird eine Person durch Belohnung oder Bestrafung zu einer Handlung forciert, die ihrer Einstellung widerspricht, entsteht eine Diskrepanz zwischen dem öffentlich gezeigten Verhalten und der persönlichen Überzeugung. Auch hier hängt der Druck zur Dissonanzreduktion von der Stärke der bestehenden Dissonanz ab. Dieser ist am stärksten, wenn die Bestrafung oder die Belohnung gerade gross genug ist, um das Verhalten hervorzurufen. Ist die Belohung oder die Bestrafung zu klein, wird das gewünschte Verhalten gar nicht erst gezeigt. Ist die Belohung oder Bestrafung hingegen zu gross, entsteht keine Dissonanz, da die Begründung für das gezeigte Verhalten auf die hohe Belohnung bzw. strenge Bestrafung zurückgeführt wird.

Brehm und Cohen (1962) streichen heraus, dass das *Commitment*, also das Engagement in eine Handlung, sowie die *Volition*, also die subjektive Freiwilligkeit der Wahl einer Handlungsalternative, zentrale Elemente für das Erleben von kognitiver Dissonanz sind. Eine Person, die Dissonanz erlebt, sieht also die Konsequenzen ihrer Handlung ausschliesslich durch ihre Wahl einer Handlungsalternative, d.h. durch ihre eigene Entscheidung verursacht. Wenn die getroffene Entscheidung und ihre Konsequenzen nicht mit den vorherrschenden Einstellungen vereinbar sind, die Handlung aber subjektiv frei gewählt wurde, entsteht Dissonanz.

Im Kontext der forcierten Einwilligung kann die Dissonanz gemäss Festinger (1978) folgendermassen gelöst werden:

1. Die persönliche Meinung wird nachträglich verändert, um eine Konsistenz zwischen dem beobachtbaren Verhalten und der persönlichen Meinung herzustellen.

2. Die subjektive Bedeutung der Belohnung oder Bestrafung wird heraufgesetzt, damit diese als Begründung für das nach aussen hin sichtbare einwilligende Verhalten herangezogen werden kann.

Gemäss Lewin (1951, übersetzt 1963) kann man von forcierter Einwilligung sprechen, wenn die induzierten Kräfte grösser sind als der Widerstand einer betroffenen Person, der durch diese induzierten Kräfte ausgelöst wurde. Nur wenn die Differenz zwischen induzierten und widerstrebenden Kräften gering ist und die beiden Kräfte eine mittlere Stärke aufweisen, wird eine Person Schwierigkeiten mit der Ursachenzuschreibung haben. Je mehr sich eine Person als sozial unabhängigen Entscheidungsträger wahrnimmt, desto eher wird sie sich selbst die Ursache für Handlungen zuschreiben, die ihrem Selbstverständnis widersprechen.

Um es in anderen Worten auszudrücken: In einem Experiment mit forcierter Einwilligung wird eine Person dazu aufgefordert, eine Handlung durchzuführen, die in einer diskrepanten Beziehung zu ihrer Einstellung steht. Wenn die entsprechende Person das Gefühl hat, freiwillig in diese Handlung einwilligt zu haben, entsteht aufgrund dieser Diskrepanz ein Dissonanzerlebnis. Um diese Dissonanz abzubauen, wird die Einstellung nach dem gezeigten Verhalten so verändert, dass sie in einer konsonanten Beziehung zur getätigten Handlung steht (1), oder nach externen Gründen wie Belohnung oder Bestrafung gesucht, welche die Person zu dieser Handlung bewogen haben könnten (2).

2.2 Studien zur kognitiven Dissonanz

Das wahrscheinlich bekannteste Experiment zur kognitiven Dissonanz im Zusammenhang mit der forcierten Einwilligung stammt von Festinger und Carlsmith (1959). Das Ziel ihrer Studie war aufzuzeigen, dass die Stärke der durch die forcierte Einwilligung hervorgerufenen Dissonanz von der Höhe der Belohnung für das einwilligende Verhalten abhängt. Dabei liessen sie die Probanden zunächst eine Stunde lang äusserst langweilige und monotone Aufgaben durchführen. Danach sollten sie einer wartenden Person, die eigentlich ein Konfident des Versuchsleiters war, erzählen, dass die Aufgaben interessant seien und Spass machten. Die eine Experimentalgruppe erhielt für diese Lüge 1 Dollar, die andere 20 Dollar Belohnung. Eine Kontrollgruppe musste nur die monotonen Aufgaben lösen, ohne einer angeblich wartenden Person eine Lüge zu erzählen. Im Anschluss daran wurden die Probanden zu einem zweiten Versuchsleiter geführt, der ein Interview mit ihnen durchführte. Die entscheidende Frage während dieses Interviews lautete: „Empfanden Sie die Aufgaben als interessant und angenehm?" Es zeigte sich, dass Probanden in der 1-Dollar-Bedingung das Experiment als wesentlich interessanter und angenehmer empfanden als Probanden aus der 20-Dollar-Bedingung und als die Kontrollgruppe. Die 1-Dollar-Gruppe zeigte analog dazu auch eine grössere Bereitschaft, bei zukünftigen Experimenten die Rolle des Instruktors zu übernehmen und Probanden eine langweilige Untersuchung als interessant anzupreisen.

Diese Ergebnisse stützen die Hypothese von Festinger (1957), welche eine negative Beziehung zwischen Belohnungshöhe und der Stärke der Einstellungsänderung postuliert. Offensichtlich können Probanden, denen nur 1 Dollar Belohnung für das einstellungsdiskrepante Verhalten angeboten wurde, keine ausreichende Rechtfertigung für ihr Verhalten finden. Das Verhalten der Probanden (das Experiment als interessant anzupreisen) steht also in einer diskrepanten Beziehung zur Einstellung der Probanden (das Experiment war in der Tat langweilig und monoton). Die einzige Möglichkeit, diese Dissonanz zu lösen, ist nun die Veränderung der Einstellung hinsichtlich des langweiligen Experiments. Diese negative Beziehung zwischen der Höhe der Belohnung und der Stärke der Einstellungsänderung konnte in verschiedenen Studien erfolgreich repliziert werden (z.B. Cohen, 1962; Nel, Helmreich & Aronson, 1969; Nuttin, 1966). Es gibt allerdings auch einige Untersuchungen, welche eine positive Beziehung zwischen Belohnungshöhe und Einstellungsänderung nachweisen konnten (Elms & Janis, 1965; Janis & Gilmore, 1965; Rosenberg, 1965), was kontroverse Diskussionen auslöste. Mehr Belohnung führte in diesen Studien zu einer grösseren Einstellungsänderung. Diese positive Beziehung wird im Folgenden als Verstärkungseffekt bezeichnet.

Es gelang Carlsmith, Collins und Helmreich (1966) schliesslich aufzuzeigen, dass sich diese beiden auf den ersten Blick unvereinbaren Resultate nicht zwingend widersprechen müssen, sondern sich im Gegenteil sogar ergänzen. Sie integrierten die dissonanztheoretischen und die verstärkungstheoretischen Vorhersagen und formulierten die Hypothese, dass der Dissonanzeffekt und der Verstärkungseffekt davon abhängen, ob eine einstellungsdiskrepante Meinung öffentlich oder anonym bekannt gegeben wird. Bei einer öffentlichen Kundgebung der Meinung besteht ein negativer, bei einer anonymen Bekanntgabe der Meinung ein positiver Zusammenhang zwischen Belohnungshöhe und Stärke der Einstellungsänderung. Den empirischen Nachweis dafür lieferten sie, indem sie die Studie von Festinger und Carlsmith (1959) etwas veränderten. Dabei mussten die Probanden ein langweiliges Experiment entweder als interessant anpreisen (Öffentlichkeits-Bedingung) oder in einem anonym gehaltenen Aufsatz interessant darstellen (Anonymitäts-Bedingung). Die Resultate konnten bestätigen, dass in der Öffentlichkeits-Bedingung ein negativer und in der Anonymitäts-Bedingung ein positiver Zusammenhang zwischen der Höhe des Geldanreizes und der Stärke der Einstellungsänderung besteht.

Eine weitere Interpretation der unterschiedlichen Ergebnisse hinsichtlich des Zusammenhangs zwischen Belohnungshöhe und Einstellungsänderung liefern Linder, Cooper und Jones (1967). Sie sind der Meinung, dass die Wahlmöglichkeit eine Handlung durchzuführen bzw. zu unterlassen, die Richtung des Zusammenhangs beeinflussen könnte. Dabei variierten sie in einem Experiment die Wahlmöglichkeit, einen einstellungsdiskrepanten Aufsatz zu schreiben. Die Resultate zeigen eine Wechselwirkung zwischen Wahlmöglichkeit und Höhe des Geldanreizes. Bei grosser Wahlmöglichkeit konnten sie einen negativen Zusammenhang (Dissonanzeffekt), bei keiner Wahlmöglichkeit einen positiven Zusammenhang (Verstärkungseffekt) nachweisen. Dieser Interaktionseffekt zwischen Wahlmöglichkeit und Stärke der Einstellungsänderung konnte in verschiedenen Studien repliziert werden (Harvey & Mills, 1971; Holmes & Strickland, 1970; Sherman, 1970).

Frey und Irle (1972) kombinierten die Erklärungsansätze von Carlsmith et al. (1966) sowie Linder et al. (1967) und variierten die Bedingungen *Wahlmöglichkeit / keine Wahlmöglichkeit* und *öffentliches Verhalten / anonymes Verhalten*. Ihr experimentelles Design bestand darin, die Probanden einen Diskussionsbeitrag über die Herabsetzung des Wahlalters von 21 auf 18 Jahre vorbereiten zu lassen, welcher entweder mit Namensnennung (öffentlich) oder ohne Namensnennung (anonym) behandelt werden sollte. Die Probanden erhielten entweder 1 DM oder 8 DM Belohnung. Unter der Bedingung *öffentlich / Wahlmöglichkeit* zeigte sich ein Dissonanzeffekt, unter der Bedingung *anonym / keine Wahlmöglichkeit* ein Verstärkungseffekt. Die anderen beiden Bedingungen (*anonym / keine Wahlmöglichkeit* und *öffentlich / Wahlmöglichkeit*) zeigten weder einen eindeutigen Dissonanz- noch einen deutlichen Verstärkungseffekt. Dieses Resultat stützt die von Frey und Irle (1972) postulierte Hypothese, dass die Wahlmöglichkeit alleine nicht ausreicht, um Dissonanz auszulösen. Es bedarf nebenbei auch eines öffentlichen Commitments in die Handlung. Haben die Probanden keine Wahlmöglichkeit und glauben, dass ihre Namen nicht veröffentlicht werden, tritt ein Verstärkungseffekt ein. Dieses Ergebnis wird durch eine Studie von Collins und Hoyt (1972) gestützt.

Einen weiteren Ansatz zur Erklärung des Dissonanz- und Verstärkungseffekts liefert das *Rechtfertigungsmodell* von Gerard, Conolley und Wilhelmy (1974). Dieses basiert auf der Annahme, dass eine unzureichende Rechtfertigung einen Dissonanzeffekt und eine übermässige Rechtfertigung einen Verstärkungseffekt hervorruft. Die Autoren vermuten dabei einen U-förmigen Zusammenhang zwischen der Rechtfertigung einer Handlung und der Einstellungsänderung. In den oben beschriebenen Experimenten stellt die Belohnung eine solche Rechtfertigung dar. Es gelang Gerard et al. (1974) in einer Reihe von Untersuchungen, diesen U-förmigen Zusammenhang empirisch nachzuweisen.

Inwiefern die Rechtfertigung der Handlung einen Einfluss auf die kognitive Dissonanz unter forcierter Einwilligung hat, konnte eine Studie von Zanna und Cooper (1974) zeigen. Sie liessen die Probanden gemäss dem üblichen Versuchsplan kognitive Dissonanz erleben und gaben ihnen Placebo-Tabletten mit dem Label *beruhigend*, *erregend* oder *ohne Nebenwirkungen*. Unter der Bedingung *ohne Nebenwirkungen* änderten die Probanden ihre Einstellung bei grosser Entscheidungsfreiheit stärker als bei kleiner Entscheidungsfreiheit, was dem Dissonanzeffekt entspricht. Erhielten die Probanden jedoch eine Tablette mit dem Label *erregend* und konnten so ihre Erregung auf die Tablette zurückführen, zeigte sich keine Einstellungsänderung. Die Dissonanz wurde folglich durch eine Fehlattribution eliminiert. Weitere Studien deuten ebenfalls darauf hin, dass eine Fehlattribution des Erregungszustandes auf eine externe Quelle die durch Dissonanz induzierte Einstellungsänderung abschwächt (z.B. Cooper, Fazio & Rhodewalt, 1978; Fazio, Zanna & Cooper, 1977).

Der Frage, ob das Dissonanzerlebnis eine Voraussetzung für eine Einstellungsänderung unter forcierter Einwilligung darstellt, gingen Cooper, Zanna und Taves (1978) nach. Sie liessen die Probanden einen einstellungsdiskrepanten Aufsatz schreiben, nachdem diese ein Sedativ, Amphetamin oder Placebo eingenommen hatten. Zudem variierten sie die Wahlfreiheit der Probanden, den Aufsatz zu schreiben. Allen Probanden wurde gesagt, sie hätten ein Placebo bekommen. Es zeigte sich, dass in der Bedingung *grosse Wahlmöglichkeit* die Einstellungsänderung durch das Amphetamin verstärkt und durch das Sedativ abgeschwächt wurde. Interessanterweise änderten aber auch die Probanden in der Bedingung *Amphetamin / keine Wahlmöglichkeit* ihre Einstellung in Richtung des Aufsatzes. Die Autoren interpretieren dieses Ergebnis dahingehend, dass kognitive Dissonanz durch einen physiologischen Erregungszustand begleitet wird, welcher durch das Amphetamin nachgeahmt werden kann. Darüber hinaus hängt die Stärke der Einstellungsänderung unter Wahlfreiheit vom Erregungszustand ab, welcher pharmakologisch induziert werden kann. Es scheint also so zu sein, dass das Dissonanzerlebnis tatsächlich eine Voraussetzung für die Einstellungsänderung ist.

Was aber bis zu diesem Zeitpunkt noch fehlte, war eine direkte Messung des physiologischen Erregungszustandes, welcher gemäss Festinger (1957) einen zentralen Bestandteil der Theorie der kognitiven Dissonanz darstellt. Diesem Problem widmeten sich Croyle und Cooper (1983) in zwei empirischen Untersuchungen. Eine bis drei Wochen vor dem eigentlichen Experiment befragten sie Studenten zu ihrer Einstellung gegenüber einem Verbot von Alkohol auf dem ganzen Campus. Im Labor liessen sie die Probanden dann entweder einen einstellungsdiskrepanten Aufsatz mit grosser Wahlmöglichkeit, einen einstellungsdiskrepanten Aufsatz mit geringer Wahlmöglichkeit oder einen einstellungskonsonanten Aufsatz mit grosser Wahlmöglichkeit schreiben. Die Ergebnisse zeigten, dass Probanden, welche einen einstellungsdiskrepanten Aufsatz unter hoher Wahlmöglichkeit schrieben, ihre Einstellung signifikant stärker veränderten als die anderen beiden Gruppen.

Diese Studie wiederholten sie mit der Änderung, dass nun zusätzlich die Herzrate und die elektrodermale Aktivität der Versuchspersonen erhoben wurden. Als Coverstory mussten die Probanden einfache kognitive Aufgaben wie z.B. Anagramme lösen. Danach sollten sie einstellungsdiskrepante Argumente hinsichtlich des Verbots von Alkohol auf dem Campus auflisten. Es gelang den Autoren nachzuweisen, dass Probanden in der Bedingung *Einstellungsdiskrepant / grosse Wahlmöglichkeit* stärkere Reaktionen in ihrer Hautleitfähigkeit zeigten als die anderen beiden Gruppen. Die Herzrate unterschied sich allerdings nicht zwischen den Gruppen. Ebenso wiesen alle drei Gruppen keine Einstellungsänderung auf und unterschieden sich hinsichtlich der Einstellung untereinander nicht. Da das experimentelle Design im ersten Versuch, bei dem noch keine psychophysiologischen Merkmale erfasst wurden, zu einer Einstellungsänderung führte und das zweite Experiment eine physiologische Erregung nachweisen konnte, kann die Hypothese bestätigt werden, dass ein Dissonanzerlebnis mit einer physiologischen Erregung einhergeht. Die fehlende Einstellungsänderung im zweiten Experiment erklären die Autoren durch die Fehlattribution des Dissonanzerlebnisses. Die Probanden könnten den Erregungszustand auf die Geräte für die Aufzeichnung der physiologischen Merkmale zurückgeführt haben, was schliesslich zu einer unveränderten Einstellung geführt hat.

Ein weiterer wichtiger Aspekt der Dissonanztheorie befasst sich mit der Veränderung der Sicherheit bei Entscheidungen. Je grösser die Unsicherheit einer Person vor der Entscheidung, desto stärker ist die daraus resultierende Dissonanz. Nach der Entscheidung kann durch eine Erhöhung der Sicherheit bezüglich der Richtigkeit der getroffenen Entscheidung die Dissonanz reduziert werden, postuliert die Theorie. Knox und Inkster (1968) versuchten dies empirisch zu belegen. Sie befragten Personen, die eine Gewinnwette über 2 Dollar bei Pferderennen abschlossen, wie sicher sie sich ihrer Entscheidung seien. Die eine Gruppe wurde vor, die andere nach dem Wettabschluss befragt. Die Ergebnisse sind konsistent mit den Aussagen von Festinger (1957). Die Dissonanz kann durch eine Erhöhung der Sicherheit bezüglich der Richtigkeit der Entscheidung reduziert werden. Es ist allerdings anzumerken, dass diese Aussagen im Zusammenhang mit der Wahl zwischen Handlungsalternativen gemacht werden. Die Probanden im Experiment von Knox und Inkster (1968) konnten beim Wettabschluss auswählen, auf welches Pferd sie wetteten. Bei der forcierten Einwilligung unter grosser Wahlfreiheit können Probanden lediglich auswählen, ob sie ein gewisses Verhalten ausführen möchten oder nicht. Inwiefern diese Aussagen also für Situationen unter forcierter Einwilligung zutreffen, ist schwer vorherzusagen. Vorausgesetzt, eine Person hat keine ausreichende Rechtfertigung für ihr Verhalten, könnte allerdings auch unter forcierter Einwilligung eine Erhöhung hinsichtlich der Sicherheit der Einstellung nach der Entscheidung erwartet werden.

2.3 Zusammenfassung der Dissonanztheorie

Es scheint so zu sein, dass Personen, die einen Erregungszustand erleben, nach einer Begründung für diese Erregung suchen. Da eine Veränderung der Einstellung das eigene Selbstbild bedroht und kognitiv aufwendiger ist als andere, externe Attributionen, wird die Ursache zunächst in der Umwelt gesucht. Solche Erklärungen können beispielsweise sein, das einstellungsdiskrepante Verhalten auf die Forcierung (man hatte keine andere Wahl), die Belohnung oder auf die Situation (Stress durch Messgeräte etc.) zurückzuführen. Erst wenn die Umwelt keine ausreichende Rechtfertigung für das gezeigte Verhalten liefert, wird das einstellungsdiskrepante Verhalten auf interne Ursachen zurückgeführt.

Eine durch forcierte Einwilligung erzielte Einstellungsänderung setzt also sowohl ein Dissonanzerlebnis als auch eine interne Ursachenattribution der Dissonanz voraus. Dissonanz kann durch ein Commitment in ein einstellungsdiskrepantes Verhalten ausgelöst werden, welches eine gewisse Bedeutung bzw. Konsequenz für die betroffene Person hat. Die elektrodermale Aktivität scheint ein geeignetes Mittel zu sein, dieses Dissonanzerlebnis zu erfassen. Die interne Ursachenattribution kann nur erreicht werden, wenn die Zielperson keine „einfacheren" externen Ursachenattributionen für das Verhalten findet, also das Verhalten nicht durch externe Faktoren rechtfertigen kann. *Abbildung 1* zeigt, wann gemäss der Dissonanztheorie eine Einstellungsänderung erwartet werden kann und wann nicht.

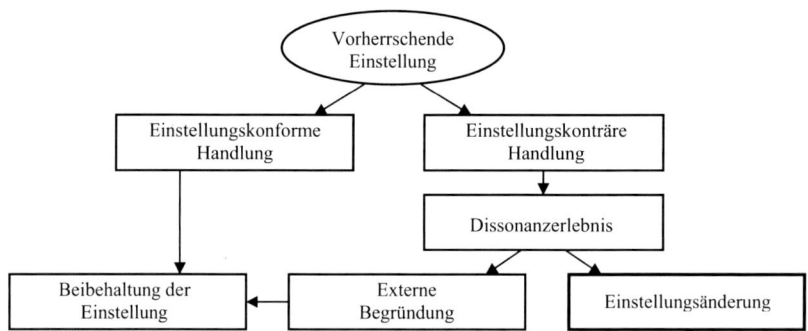

Abbildung 1. Schematische Darstellung der Dissonanztheorie.

3 SELBSTWAHRNEHMUNGSTHEORIE

3.1 Herleitung der Selbstwahrnehmungstheorie

Eine alternative Erklärung zur Dissonanztheorie im Zusammenhang mit der Einstellungsbildung bzw. –änderung wurde von Bem (1972) in seiner Selbstwahrnehmungstheorie formuliert. Im Gegensatz zur Dissonanztheorie wird die Einstellung eines Subjektes gemäss der Selbstwahrnehmungstheorie nicht durch dissonante Kognitionen beeinflusst, sondern durch das konkrete, beobachtbare Verhalten.

Wenn eine Person A beispielsweise beobachtet, wie eine Person B einem hilfsbedürftigen Menschen Geld spendet, dann wird die beobachtende Person A aufgrund des Verhaltens von B attribuieren, dass B eine grosszügige, soziale Person ist. Es wird also vom beobachtbaren Verhalten (Geld spenden) auf die nicht direkt beobachtbare Einstellung (sozial gegenüber Hilfsbedürftigen) geschlossen. Die Idee der Selbstwahrnehmungstheorie nach Bem (1972) ist nun, dass eine handelnde Person ihr eigenes Verhalten wie eine aussenstehende Person beobachtet und aufgrund dieser Handlung mittels Selbstattribution ihre eigene Einstellung bildet bzw. verändert. Sie agiert also gleichzeitig als Akteur wie auch als Beobachter ihres eigenen Verhaltens. Da Einstellungen per se nicht beobachtet werden können, attribuiert eine handelnde Person ihre Einstellung gemäss der Selbstwahrnehmungstheorie aufgrund ihres eigenen, beobachtbaren Verhaltens.

Diese Einstellungsbildung bzw. –änderung erfolgt nicht in jeder Situation gleich. Bem (1972) hat in seiner Theorie zwei Postulate aufgestellt. Das erste Postulat bezieht sich auf die oben erwähnte Erschliessung der latenten Einstellung:

> „Individuals come to ‚know' their own attitudes, emotions, and other internal states partially by inferring them from observations of their own overt behavior and/or the circumstances in which this behavior occurs" (Bem, 1972, S. 225).

Da eine Handlung oft mehrdeutig sein kann, werden nicht nur die Handlung alleine, sondern auch deren Umstände (circumstances) für die Bildung bzw. Veränderung von Einstellungen herangezogen. Will man beispielsweise erfahren, welche Einstellung eine andere Person gegenüber einem bestimmten Restaurant – z.B. McDonald's – hat, dann genügt die blosse Beobachtung, dass diese Person dort zu Mittag isst nicht aus, um daraus auf deren Einstellung gegenüber McDonald's zu schliessen. Es könnten diverse externe Faktoren dafür verantwortlich sein. Zum Beispiel könnte die Person mit jemandem essen, der sehr gern zu McDonald's geht. Vielleicht gibt es auch keine anderen Restaurants in der Nähe. Es sind viele andere Gründe denkbar, die dafür verantwortlich sind, dass diese Person zum beobachteten Zeitpunkt im McDonald's zu Mittag isst. Man muss als Beobachter all diese Faktoren beachten, bevor man aus dem Verhalten einer Person auf deren Einstellung schliesst. Dasselbe gilt bei der Selbstwahrnehmung. Es kann viele Gründe geben, warum man sich in einer bestimmten Art und Weise verhält. Wird man nach der Ausführung einer Handlung gefragt, welche Einstellung man zu dieser Handlung bzw. zum Gegenstand dieser Handlung hat, sucht man nach Gründen, die diese Handlung verursacht haben könnten. Überwiegen hier die externen Faktoren, erklärt man die Ursache für das Handeln durch Elemente in der Umwelt. Typische Beispiele hierfür sind die Belohnung, Bestrafung oder die eingeschränkte Handlungsfreiheit, wie wir sie im Rahmen der Studien zur Dissonanztheorie gesehen haben. Gibt es jedoch keine genügende externe Begründung für das gezeigte Verhalten, wird man gemäss der Selbstwahrnehmungstheorie von diesem Verhalten auf die eigene Einstellung schliessen (vgl. Bem 1965, 1972). Gemäss der Selbstwahrnehmungstheorie ist die Einstellung einer Person nach ihrem Verhalten ein Set von Selbstattributionen, welche das Individuum auf Basis ihres eigenen Verhaltens und dessen Umständen durchführt.

Das zweite Postulat der Selbstwahrnehmungstheorie besagt, dass sich die handelnde Person gleich verhält wie ein externer Beobachter:

> "To the extent that internal cues are weak, ambiguous, or uninterpretable, the individual is functionally in the same position as an outside observer, an observer who must necessarily rely upon those same external cues to infer the individual's inner states" (Bem, 1972, S. 225).

Entscheidend in diesem Postulat ist, dass die inneren Hinweise auf einen Zustand oder eine Einstellung *schwach*, *unklar* oder *nicht interpretierbar* sein müssen, damit die Selbstwahrnehmungstheorie zutrifft. Besitzt ein Individuum also bereits eine starke, klare Einstellung gegenüber einem Objekt, wird sein Verhalten gegenüber diesem Einstellungsobjekt keine Auswirkungen auf seine spätere Einstellung haben. Besitzt die Person jedoch keine oder nur eine schwache Einstellung und zeigt dann eine bestimmte

Verhaltensweise gegenüber einem Objekt, dann wird sie dieses Verhalten als Grundlage für ihre Einstellungsbildung gegenüber diesem Objekt verwenden (vgl. Chaiken & Baldwin, 1981; Fazio 1987; Holland, Verplanken & Van Knippenberg, 2002).

3.2 Empirische Studien zur Selbstwahrnehmungstheorie

Bem (1965) versuchte, die Selbstwahrnehmungstheorie in einem Experiment zu belegen, indem er aufzeigen wollte, inwiefern sich Personen bei der Bildung bzw. Änderung ihrer Einstellung auf ihr eigenes Verhalten verlassen.

Die Probanden sollten zunächst eine Reihe von Fragen über sich selbst beantworten und auf Tonband sprechen. Dabei wurden sie instruiert, immer dann wahrheitsgemäss zu antworten, wenn ein gelbes Lämpchen aufleuchtete und immer dann zu lügen, wenn ein grünes Lämpchen aufleuchtete. Dieses Vorgehen beabsichtigte, die Probanden zu primen. Beim gelben Lämpchen sollten sie implizit lernen, den eigenen Aussagen Vertrauen zu schenken, während sie beim grünen Lämpchen lernen sollten, sich selber zu misstrauen. Danach wurde den Probanden eine Reihe von Cartoons gezeigt, welche sie in einer früheren Sitzung als „neutral" eingestuft hatten. Der Versuchsleiter gab den Probanden nun die Anweisung, sie sollten zu jedem Cartoon entweder den Satz *dieser Cartoon ist sehr komisch* oder *dieser Cartoon ist nicht komisch* auf ein Tonband sprechen. Während der Proband das vorgegebene Statement abgab, brannte (zufälligerweise) entweder das gelbe oder grüne Lämpchen auf. Dieses Mal wurden jedoch keine Instruktionen bezüglich der Lämpchen gegeben. Im Anschluss daran sollten die Probanden dann ihre tatsächliche Einstellung gegenüber den eben gezeigten Cartoons äussern. Bem (1965) hoffte, dass die Probanden ihre Aussage (*dieser Cartoon ist komisch / nicht komisch*) nur dann als Grundlage für diese Einstellung verwenden würden, wenn sie unter der Bedingung des gelben Lämpchens geäussert wurden. In dieser Bedingung lernten die Probanden vorher, ihren eigenen Aussagen zu vertrauen.

Die Resultate sind konsistent mit der Theorie der Selbstwahrnehmung. Die Probanden änderten ihre Einstellung gegenüber den Cartoons signifikant häufiger, wenn die vorgegebenen Statements zuvor in der Vertrauensbedingung (gelbes Lämpchen) im Vergleich zur Misstrauensbedingung (grünes Lämpchen) abgegeben wurden. Durch das Statement bei brennendem gelbem Lämpchen lernte die Versuchsperson, ihren eigenen

Aussagen Glauben zu schenken. Die Aussage wurde daraufhin als Grundlage für die Bildung bzw. Änderung ihrer Einstellung gegenüber den Cartoons verwendet.

Im Cartoon-Experiment besteht das gezeigte Verhalten darin, Statements abzugeben, die entweder als wahr oder falsch geprimt wurden. Dieses Verhalten wird dann als Grundlage für die Einstellungsbildung bzw. -änderung verwendet. Da es hierbei um ein Primingverfahren geht, lässt sich ein Vergleich zwischen dem Handelnden und einem externen Beobachter nur schwer herstellen. Bandler, Madaras und Bem (1968) wollten nun die Selbstwahrnehmungstheorie an einer konkreten, beobachtbaren Handlung demonstrieren. In einem Experiment wurden Probanden eine Reihe von Elektroschocks verabreicht. Die Schocks waren alle gleich stark und dauerten – wenn sie nicht abgebrochen wurden – zwei Sekunden. Während des Schocks leuchtete je nach Experimentalbedingung entweder ein rotes, grünes oder gelbes Lämpchen auf. In der Austritts-Bedingung wurden die Probanden aufgefordert, beim Aufleuchten des roten Lämpchens einen Knopf zu drücken, welcher den Schock abbrechen würde. Um dabei die Wahlfreiheit hinsichtlich der Duldung des Elektroschocks zu gewährleisten, wurden die Probanden darauf aufmerksam gemacht, dass sie den Knopf nicht drücken müssten, wenn sie den Schock als nicht allzu unangenehm empfänden. In der Kein-Austritt-Bedingung sollten die Probanden den Kopf beim Aufleuchten des grünen Lämpchens nicht drücken, es sei denn, der Schock wäre nicht mehr auszuhalten. Nach jedem Schock wurde dessen Unannehmlichkeit auf einer 7-Punkte-Skala bewertet.

Wie von den Autoren erwartet, wurden die Elektroschocks in der Austritts-Bedingung unangenehmer beurteilt als in der Kein-Austritt-Bedingung. Die Selbstwahrnehmungstheorie erklärt diesen Umstand damit, dass sich die handelnde Person in der Austritts-Bedingung selbst beobachtet, wie sie die elektrischen Schocks freiwillig abbricht. Als Folge schliesst sie daraus, dass diese Schocks ziemlich unangenehm sein müssen. In der Kein-Austritt-Bedingung bricht sie die Elektroschocks nicht ab und erträgt sie freiwillig. Folglich schliesst die betroffene Person daraus, dass die Schocks nicht allzu unangenehm sein können. Auch hier kann man den Vergleich mit einem externen Beobachter machen: Sieht man jemanden beim Versuch, solchen elektrischen Schocks auszuweichen, wird man aus dieser Beobachtung darauf schliessen, dass die Schocks ziemlich unangenehm sein müssen. Beobachtet man jedoch eine Person, die solche Schocks freiwillig über sich ergehen lässt, wird man davon ausgehen, dass sie nicht besonders unangenehm sein können.

3.3 Zusammenfassung der Selbstwahrnehmungstheorie

Bei der Selbstwahrnehmungstheorie gilt die Handlung gegenüber einem Einstellungsobjekt sowie deren Begründung als entscheidender Faktor für die Bildung bzw. Änderung der Einstellung zu diesem Objekt. Wird ein Akteur nach seiner Einstellung gegenüber einem Objekt befragt, stellt er sich implizit die Frage, ob er sich mit dieser Sache bereits auseinandergesetzt hat und weshalb er so gehandelt hat. Erinnert sich die Person an eine Handlung aus der Vergangenheit und kann dafür keine externen Gründe nennen, wird sie diese Handlung als Basis für die Einstellung gegenüber dem Handlungsobjekt verwenden.

Einflussfaktoren für die Gültigkeit der Selbstwahrnehmungstheorie sind die Wahlfreiheit sowie die Belohnung oder Bestrafung für eine Handlung, da diese als Indikatoren für eine externe Ursachenzuschreibungen dienen können. Wenn eine externe Rechtfertigung für die Handlung herangezogen werden kann, verliert die eigene Einstellung ihre Bedeutung als Ursache einer Handlung. Folglich wird keine Verbindung zwischen der Handlung und der eigenen Einstellung gemacht. *Abbildung 2* verdeutlicht dies.

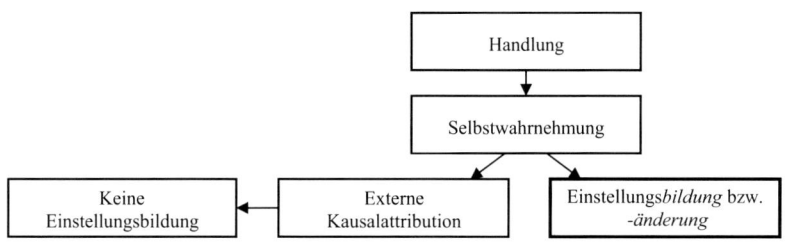

Abbildung 2. Schematische Darstellung der Selbstwahrnehmungstheorie.

4 Vergleich der Dissonanz- mit der Selbstwahrnehmungstheorie

4.1 Unterschiedliche Erklärung desselben Phänomens

Die Theorie der Selbstwahrnehmung wurde als Alternative zur Dissonanztheorie formuliert. Folglich erhebt sie auch den Anspruch, dieselben Phänomene wie die Dissonanztheorie erklären zu können.

Beide Theorien gehen davon aus, dass Individuen sowohl ihre eigenen Handlungen als auch die Umwelt beobachten. Dabei postulieren sie eine handlungsbedingte Einstellungsänderung. Das heisst, dass sich eine Einstellung aufgrund einer durchgeführten Handlung zu deren Gunsten verändert, wenn die agierende Person keine externe Begründung für ihr Handeln finden kann. Hierfür betonen beide Theorien die Wichtigkeit des Einflusses, welche situationale Faktoren wie Entscheidungsfreiheit oder monetäre Anreize auf die Einstellungsänderung haben (Fazio et al., 1977). Die zugrunde liegenden Prozesse für die handlungsbedingte Einstellungsänderung unterscheiden sich allerdings markant.

Die Dissonanztheorie erklärt dieses Phänomen durch den Erregungszustand, welcher durch die Unvereinbarkeit der Handlung mit der vorherrschenden Einstellung entsteht. Diese Dissonanz wird als unangenehm empfunden und strebt nach Auflösung. Liegen nun keine ausreichenden externen Umstände vor, die zur Handlung oder zum Unruhezustand geführt haben könnten, kann die Dissonanz nur noch durch eine nachträgliche Änderung der persönlichen Meinung (Einstellung) abgebaut werden. Dies führt zur Konsonanz zwischen Einstellung und beobachtbarem Verhalten.

Die Theorie der Selbstwahrnehmung dagegen besagt, dass Personen ihr Verhalten als Indikator für ihre Einstellung nehmen. Da Einstellungen per se nicht beobachtet werden können, schliessen sie von ihrem Verhalten auf ihre persönliche Meinung, genau wie dies auch Drittpersonen tun würden. Ein Erregungszustand aufgrund einer Diskrepanz zwischen bestehender Einstellung und gezeigtem Verhalten spielt dabei keine Rolle.

Am Beispiel der Studie von Festinger und Carlsmith (1959) lassen sich diese beiden unterschiedlichen Erklärungsansätze verdeutlichen: Probanden, welche einem Konfidenten ein langweiliges Experiment als interessant angepriesen hatten und dafür einen

Dollar erhielten, fanden das Experiment im Nachhinein wesentlich interessanter als Probanden, welche dafür 20 Dollar erhalten hatten oder das Experiment niemandem beschreiben mussten.

Die Dissonanztheorie erklärt dieses Phänomen dadurch, dass die Probanden in der 1-Dollar-Bedingung keine ausreichende Rechtfertigung für ihr Verhalten finden. Die diskrepante Beziehung zwischen der vorherrschenden Einstellung (das Experiment war monoton und langweilig) und der durchgeführten Handlung (jemandem das Experiment als interessant anpreisen) wird folglich durch eine Einstellungsänderung (das Experiment ist gar nicht so langweilig) gelöst. Die Probanden aus der 20-Dollar-Bedingung können ihr Verhalten durch die Belohnung rechtfertigen. Dieses Heraufsetzen der Belohnung führt ebenfalls zu Konsistenz zwischen der ursprünglichen Einstellung und dem gezeigten Verhalten. Eine Änderung der Einstellung ist also gar nicht mehr notwendig, da die Dissonanz durch eine andere Strategie beseitigt werden kann.

Bem (1972) beschreibt aus Sicht der Selbstwahrnehmungstheorie, dass die Probanden in der 1-Dollar-Bedingung sich selbst beobachten, wie sie jemandem für nur einen Dollar erzählen, die Aufgaben seien interessant. Dieses Statement führt dazu, dass sich die Probanden dabei denken, die Aufgaben können nicht so langweilig sein, sonst würden sie dies nicht für bloss einen Dollar erzählen. Eine Person, die für dieselbe Bitte 20 Dollar erhält, wird die ausreichende monetäre Belohnung ebenfalls in ihre Beobachtung aufnehmen und daraus schliessen, dass sie die Aussage (die Aufgaben seien interessant) nur gemacht hat, weil sie dafür bezahlt wurde. Ein externer Beobachter würde wohl zum selben Schluss kommen. Wenn man eine Person beobachtet, die für lediglich einen Dollar erzählt, sie finde repetitive Aufgaben interessant, wird man daraus ableiten, dass sie diese tatsächlich interessant findet. Wenn man jedoch jemanden sieht, der für eine solche Aussage 20 Dollar erhält, wird man die Begründung dafür in der Belohnung suchen und davon ausgehen, dass sie die repetitiven Aufgaben eigentlich langweilig fand.

Dieses Beispiel verdeutlicht die Gemeinsamkeiten und Unterschiede zwischen den beiden Theorien. Eine Vielzahl von Studien versuchte daraufhin, die beiden Theorien empirisch miteinander zu vergleichen.

4.2 Vergleichende Studien zu den beiden Theorien

4.2.1 Interpersonale Simulationen

Mittels *interpersonalen Simulationen* versuchte Bem (1965, 1968), die Selbstwahrnehmungstheorie mit der Dissonanztheorie zu vergleichen. Diese interpersonalen Simulationen bestehen darin, Experimente zur forcierten Einwilligung von externen Beobachtern einschätzen zu lassen. Diese externen Beobachter schliessen aufgrund ihrer Beobachtungen auf die Einstellung der Probanden im Experiment. Führen die von den Beobachtern erschlossenen Einstellungen zum selben Resultat wie diejenigen der Probanden, welche tatsächlich am Experiment teilgenommen haben, ist dies gemäss Bem (1965, 1968) ein Hinweis für die Selbstwahrnehmungstheorie.

Die Studie von Festinger und Carlsmith (1959) wurde in diesem Zusammenhang so repliziert, dass die Probanden das Experiment auf Tonband beschrieben hörten. Jeder Proband wurde entweder der Kontrollbedingung, der 1-Dollar-Bedingung oder der 20-Dollar-Bedingung zugeteilt. Entsprechend hörten die Probanden entweder, dass die teilnehmende Versuchsperson kein Geld, einen Dollar oder 20 Dollar dafür erhielt, der nächsten Versuchsperson zu erzählen, dass die Aufgaben des Experiments aufregend und interessant seien. Im Anschluss an die Tonbandaufnahme sollten die Probanden die Einstellung der teilnehmenden Versuchsperson im Experiment einschätzen. Die Ergebnisse waren ähnlich wie im ursprünglichen Experiment. Die Einstellungen gegenüber den monotonen Experimentalaufgaben wurden bei beiden Experimenten in der 1-Dollar-Bedingung positiver bewertet als in der 20-Dollar-Bedingung. Die Probanden konnten bei dieser *interpersonalen Simulation* die Einstellung der Experimentalperson durch eine reine Beobachtung des Verhaltens korrekt einschätzen. Daraus schloss Bem (1965, 1968), dass die handelnden Personen selbst ihr eigenes Verhalten ebenfalls beobachten und ihre Einstellung auf dieser Grundlage bilden.

4.2.2 Vorherrschende Einstellungsvalenz

Die Studien von Bem (1965) zu den *interpersonalen Simulationen* wurden von Dissonanztheoretikern allerdings stark kritisiert. Sie bemängelten, dass die Beobachter in den Experimenten zur forcierten Einwilligung keine Informationen über die ursprüngliche Einstellung der Probanden im Experiment erhielten (vgl. Jones, Linder, Kiesler, Zanna & Brehm, 1968). Bem (1968, 1972) konterte daraufhin, dass sich die teilnehmenden Probanden ebenfalls keiner prä-manipulativen Einstellung bewusst seien, nachdem sie die Handlung ausgeführt haben und nach ihrer momentanen Einstellung gefragt werden.

In einem Experiment konnten Bem und McConnell (1970) nachweisen, dass sich Probanden nach einer einstellungskonträren Handlung nicht mehr an ihre ursprüngliche Einstellung erinnern. Sie erhoben in einer ersten Phase die Einstellung von Studenten zu verschiedenen Themen, unter anderem zum Ausmass der Kontrolle über das Lehrangebot durch die Studenten auf einer Skala von *keine Kontrolle* bis *komplette Kontrolle*. Eine Woche später luden sie jene Studenten zu einem Laborexperiment ein, welche sich positiv zum studentischen Einfluss auf das Lehrangebot geäussert hatten. Die kritische Handlung bestand nun darin, Argumente gegen eine Kontrolle des Lehrangebots durch Studenten zu sammeln. Anschliessend an dieses einstellungsdiskrepante Verhalten fand die experimentelle Manipulation statt. Die eine Probandengruppe (Erinnerungsgruppe) wurde gebeten, sich zunächst an die Einstellung aus der ersten Phase zu erinnern und dann die aktuelle Einstellung anzugeben. Bei der anderen Probandengruppe (Änderungsgruppe) wurde nur die aktuelle Einstellung erhoben. Schliesslich wurden beide Gruppen gefragt, inwiefern sie glauben, dass sich ihre Einstellung im Vergleich zur ersten Erhebung verändert habe.

Zwischen den Resultaten der beiden Gruppen konnte kein Unterschied festgestellt werden. Die Erinnerungs- wie auch die Änderungsgruppe war der Meinung, sowohl bei der ersten als auch bei der aktuellen Befragung jeweils die gleiche Einstellung gehabt zu haben, obwohl sich die Einstellung bei der zweiten Erhebung signifikant geändert hatte.

Dieses Resultat zeigt zwar, dass sich Menschen nach einem einstellungsdiskrepanten Verhalten nicht mehr an ihre ursprüngliche Einstellung erinnern können und glauben, ihre Einstellung hätte sich durch das Verhalten nicht verändert. Aufgrund dieses Ergebnisses kann allerdings weder die Selbstwahrnehmungstheorie bestätigt noch die Dissonanztheorie falsifiziert werden. Die beiden Theorien machen schliesslich keine Aussagen über die Salienz der prä-manipulativen Einstellung *nach* der Handlung. Eine unterschiedliche Vorhersage zwischen den Theorien besteht gemäss einigen Autoren allerdings darin, wie sich die Salienz der Einstellung *vor* einer kritischen Handlung auf eine post-manipulative Einstellung auswirkt.

Snyder und Ebbesen (1972) sowie Ross und Schulman (1973) versuchten, ein kritisches Experiment durchzuführen, um die Dissonanz- mit der Selbstwahrnehmungstheorie zu vergleichen. Für die Autoren war der Schlüssel dafür die Salienz der vorherrschenden Einstellung. Gemäss Selbstwahrnehmungstheorie sollte die Salienz der vorherrschenden Einstellung dazu führen, dass die Handlung keinen Einfluss auf die postmanipulative Einstellung hat, da die Handlung nur als Informationsquelle hinzugezogen wird, wenn die inneren Hinweise „schwach, unklar oder uninterpretierbar" sind (Bem, 1972). Gemäss der Dissonanztheorie sollte die Salienz der vorherrschenden Einstellung dazu führen, dass bei einer einstellungsdiskrepanten Handlung mehr Dissonanz entsteht. Folglich müsste sich die Einstellung stärker verändern. Die beiden Theorien scheinen diesbezüglich also gegensätzliche Vorhersagen zu machen.

In Anlehnung an Bem und McConnell (1970) bestand die kritische Handlung in den beiden Experimenten von Snyder und Ebbesen (1972) bzw. Ross und Schulman (1973) darin, einen einstellungsdiskrepanten Aufsatz zu schreiben, der dafür plädiert, dass Studenten weniger Kontrolle über das Lehrangebot an der Universität haben sollten.

Snyder und Ebbesen (1972) manipulierten die Salienz der vorherrschenden Einstellung, indem sie die Probanden in der Salienz-Gruppe vor der kritischen Handlung aufforderten, einige Minuten über ihre Einstellung zur Kontrolle über das Lehrangebot nachzudenken und ihre Gedanken zu ordnen. Eine weitere Experimentalgruppe erhielt keine solche Anweisung. Die beiden Experimentalgruppen mussten dann den Aufsatz schreiben und anschliessend ihre Einstellung zur Kontrolle des Lehrangebotes durch Studenten abgeben. Die Kontrollgruppe schrieb keinen Aufsatz und wurde lediglich nach der Einstellung zum entsprechenden Thema befragt. Die Resultate zeigten, dass sich die Einstellung der Salienz-Gruppe nicht signifikant von der Kontrollgruppe unterschied, während die Einstellung der Non-Salienz-Gruppe stärker mit dem Aufsatz übereinstimmte und sich somit der kritischen Handlung anglich. Dieses Resultat kann als Indiz für die Selbstwahrnehmungstheorie und gegen die Dissonanztheorie gedeutet werden.

Ross und Schulman (1973) gingen bei ihrem Experiment etwas anders vor als Snyder und Ebbesen (1972). Eine Woche vor der Manipulation erhielten die Probanden einen Fragebogen zu verschiedenen Campus-Themen, wovon eines die Kontrolle der Studenten über das Lehrangebot betraf. In einer zweiten Sitzung mussten die Versuchspersonen dann den entsprechenden einstellungsdiskrepanten Aufsatz schreiben. Die Autoren manipulierten die Salienz der vorherrschenden Einstellung so, dass im Briefumschlag, in welchem sich die Instruktionen befanden, zusätzlich ihr Fragebogen enthalten war, den sie eine Woche zuvor ausgefüllt hatten. Nachdem der Aufsatz geschrieben wurde, hat man die Probanden der Salienz-Gruppe gebeten, den Fragebogen nochmals durchzugehen und die Einstellung zur entsprechenden Frage auf den Aufsatz zu schreiben, um angeblich die Computerauswertung zu erleichtern. Probanden in der Non-Salienz Gruppe erhielten keine solche Anweisung, sondern mussten lediglich ihren Aufsatz in den Briefumschlag zurücklegen. Im Anschluss wurde die finale Einstellung erhoben. In diesem Experiment zeigte sich, dass Probanden in der Salienz-Gruppe ihre Einstellung stärker zugunsten der kritischen Handlung änderten als die Non-Salienz-Gruppe. Wenn also die vorherrschende, handlungsdiskrepante Einstellung bewusst gemacht wurde, änderten die Probanden ihre Einstellung stärker als wenn sie nicht bewusst gemacht wurde. Dieses Resultat wurde als Indiz für die Dissonanztheorie und gegen die Selbstwahrnehmungstheorie gedeutet.

Die Ergebnisse der beiden Experimente scheinen sich also zu widersprechen, da die Resultate in der Studie von Snyder und Ebbesen (1972) für die Selbstwahrnehmung und diejenigen von Ross und Schulman (1973) für die Dissonanztheorie sprechen. Greenwald (1975) griff diese Inkonsistenz zwischen den beiden Experimenten auf und kam zum Schluss, dass die unterschiedlichen Resultate auf operationale Faktoren zurückzuführen sind und nicht auf konzeptuelle Mängel in den beiden Theorien. Erstens sei die Art der Manipulation der Salienz grundlegend verschieden. Im Fall von Snyder und Ebbesen (1972) mussten die Probanden über ihre momentane Einstellung nachdenken, ohne dass sie diese jedoch konkret äussern konnten. Im Gegensatz dazu wurden die Probanden im Experiment von Ross und Schulman (1973) an ihre frühere Einstellung erinnert, die sie eine Woche vorher konkret geäussert hatten. Zweitens fand die Salienz-Manipulation zu unterschiedlichen Zeitpunkten statt. Im ersten Experiment vor dem Schreiben des Aufsatzes, im zweiten nach dem Aufsatz. Diese unterschiedlichen Experimentalbedingungen können genügen, um diese unterschiedlichen Resultate herbeizuführen. Gemäss Greenwald (1975) liegt das Problem bei solchen vergleichenden Experimenten generell darin, dass der Nachweis einer Prognose der einen Theorie nicht bedeutet, dass die andere Theorie abgelehnt werden muss. Gleichermassen führt das Ausbleiben eines prognostizierten Ergebnisses nicht zwingend dazu, dass die entsprechende Theorie zu falsifizieren ist. Operationelle Mängel können also dazu führen, dass externe Faktoren die Resultate beeinflussen.

4.2.3 Vorherrschende Einstellungsintensität

Inwiefern die Salienz von vergangenem Verhalten, unter Berücksichtigung der Einstellungsstärke, die aktuelle Einstellung beeinflusst, wurde von Chaiken und Baldwin (1981) untersucht. In Anlehnung an Rosenberg (1960, 1968) erhoben sie zunächst die affektiv-kognitive Konsistenz der Einstellung der Probanden gegenüber ökologischem Verhalten. Dabei setzten sie einen Fragebogen ein, der mittels eines semantischen Differentials (bspw. *gut – schlecht, klug – dumm*) die affektive Komponente der Einstellung erhob. Mit einem anderen Fragebogen wurde die kognitive Komponente ermittelt, indem die Probanden angeben mussten, inwiefern gewisse Werte wie bspw. *Glück, Freude* oder *Gesundheit* im Zusammenhang mit ökologischem Verhalten stehen. Eine kleine (grosse) Diskrepanz zwischen den beiden Fragebögen wies auf eine hohe (geringe) affektiv-kognitive Konsistenz und somit auf eine starke (schwache) Einstellung hin. Die darauf folgende Manipulationsphase bestand darin, den Probanden pro- oder anti-ökologisches Verhalten aus der Vergangenheit salient zu machen. Die post-manipulative Einstellungserhebung zeigte, dass nur Personen mit einer schwach ausgeprägten Einstellung diese durch die Manipulation veränderten. Probanden mit einer starken prä-manipulativen Einstellung veränderten ihre Einstellung durch die Manipulation nicht.

Die Manipulation in diesem Experiment bestand allerdings nicht aus einer kritischen Handlung, sondern lediglich darin, Informationen über vergangenes Verhalten salient zu machen. In einem nächsten Schritt interessiert nun, wie die Einstellungsintensität die Beziehung zwischen Einstellung und Verhalten beeinflusst. Diesem Problem widmeten sich Holland et al. (2002).

In einer ersten Sitzung wurden die Einstellungsvalenz (von *sehr negativ* bis *sehr positiv*) sowie die Einstellungsstärke auf den Dimensionen Gewissheit, Wichtigkeit und Zentralität gegenüber Greenpeace erhoben. Eine Woche später wurden die Probanden eingeladen, Aufgaben für eine andere, unabhängige Studie zu lösen. Sie wurden dafür mit Bargeld belohnt, das sie anschliessend für eine angebliche Studie von Greenpeace spenden konnten. Nach dem Spenden wurde die Einstellung gegenüber Greenpeace (diesmal nur die Valenz) nochmals gemessen. Es zeigte sich, dass eine starke prä-manipulative Einstellung ein starker Prädiktor für das Spendeverhalten war, die Einstellung dadurch aber nicht verändert wurde. Eine schwache prä-manipulative Einstellung hingegen vermochte nichts über das Spendeverhalten auszusagen, das Spendeverhalten beeinflusste jedoch die post-manipulative Einstellung. Mit anderen Worten: Die Beziehung zwischen Verhalten und Einstellungen hängt von der Einstellungsintensität vor dem Verhalten ab. Während eine starke Einstellung das Verhalten voraussagt, wird bei einer schwachen Einstellung das Verhalten die spätere Einstellung beeinflussen.

Diese Resultate von Chaiken und Baldwin (1981) und Holland et al. (2002) können durch die Selbstwahrnehmungstheorie begründet werden. Diese besagt, dass Personen ihr Verhalten als Indikator für ihre Einstellung nehmen, wenn die internen Hinweise auf einen Reiz schwach sind (Bem, 1972). Gleichzeitig sind die Ergebnisse aber auch konsistent mit der Dissonanztheorie. Einerseits zeigen sie, dass die vorherrschende Einstellung sehr wohl einen Einfluss auf das gezeigte Verhalten haben kann. Andererseits wird das einstellungskonforme Verhalten bei einer starken Einstellungsintensität durch die Dissonanztheorie vorhergesagt. Personen versuchen in diesem Fall, Dissonanz zu vermeiden und verhalten sich dementsprechend konsistent zu ihren Einstellungen (Festinger, 1957).

Die Studien liefern kaum Evidenz, dass eine der beiden Theorien absolute Gültigkeit hat. Dennoch liefern sie wichtige Implikationen für die zukünftige Forschung. Bisher wurde die Einstellung ausschliesslich auf der Dimension Valenz gemessen und untersucht, inwiefern sich diese durch eine kritische Handlung auf dem Kontinuum von *sehr negativ* bis *sehr positiv* verändert. Neu ist nun der Einbezug der Einstellungsintensität, welche offensichtlich die Beziehung zwischen Einstellungsvalenz und Verhalten beeinflusst.

4.3   Gültigkeitsbereich der beiden Theorien

Viele bisher erwähnte Studien gehen davon aus, dass sich die beiden Theorien gegenseitig ausschliessen. Folglich haben sie versucht, sie gegeneinander auszuspielen. Andere Ansätze sehen die Theorien als sich gegenseitig ergänzend an. Sie postulieren, dass die zwei Theorien unterschiedliche Gültigkeitsbereiche haben.

Fazio et al. (1977) strichen die unterschiedlichen Vorhersagen der beiden Theorien hinsichtlich der Einstellungsänderung bei einstellungskongruentem Verhaltens heraus. Während die Dissonanztheorie Einstellungsänderungen nur erklären kann, wenn die Handlung diskrepant zur Einstellung ist, geht die Selbstwahrnehmungstheorie davon aus, dass auch bei einstellungskongruentem Verhalten Einstellungen verändert werden können, wenn die Handlung eine extremere Position der Einstellung repräsentiert.

In einem Experiment versuchten Fazio et al. (1977) nachzuweisen, dass die Selbstwahrnehmungstheorie Einstellungsänderungen im Bereich des einstellungs*kongruenten* Verhaltens, die Dissonanztheorie Einstellungsänderungen im Bereich des einstellungs*diskrepanten* Verhaltens erklären kann. Hierfür mussten die Probanden zunächst auf einer Liste diejenigen politischen Positionen[1] angeben, welche sie am ehesten vertreten, welche sie gerade noch vertreten und welche sie ablehnen würden. Mit dem Vorwand, für alle Positionen Pro-Argumente sammeln zu wollen, wurden die Versuchspersonen zufällig der *Accept*- bzw. der *Reject*-Bedingung zugeteilt. Die *Accept*-Bedingung beinhaltete die politischen Positionen, welche die Probanden gerade noch vertreten würden. Tatsächlich war die angegebene Position aber etwas extremer als ihre eigentlich akzeptable. Die *Reject*-Bedingung enthielt diejenigen Positionen, welche die Probanden ablehnen würden. Zusätzlich wurde die Möglichkeit zur Fehlattribution des Dissonanzerlebnisses variiert, indem eine Gruppe das Experiment in einer schalldichten Kabine durchführen musste. Die andere Gruppe absolvierte die Studie in einem üblichen Experimentalraum, welcher keine Möglichkeit für eine Fehlattribution anbot. Die kritische Handlung bestand nun darin, ein Aufsatz über die ihnen zugeteilte politische Position zu schreiben. In der post-manipulativen Einstellungsmessung gaben die Probanden ihre politische Meinung auf einer 31-Punkte-Skala von *extrem konservativ* bis *extrem liberal* wieder.

Die Autoren sahen ihre Hypothese durch die Resultate bestätigt. In der *Accept*-Bedingung veränderten die Probanden ihre politische Einstellung, unabhängig davon, ob sie in der schalldichten Kabine eingeschlossen waren oder nicht. Dies ist gemäss Fazio et al. (1977) ein Indikator für die Selbstwahrnehmungstheorie. Die Einstellungsänderung in der *Reject*-Bedingung dagegen war abhängig von der Möglichkeit zur Fehlattribution. Hatten die Probanden keine Möglichkeit, das durch die Diskrepanz zwischen vorherrschender Einstellung und getätigter Handlung verursachte aversive Gefühl durch externe Faktoren zu erklären, änderten sie ihre Einstellung stärker als wenn sie die erlebte Dissonanz auf die unangenehme Atmosphäre in der Kabine zurückführen konnten. Diese Tatsache führen Fazio et al. (1977) auf die Dissonanztheorie zurück.

---

[1] radikal, extrem liberal, moderat liberal, leicht liberal, neutral, leicht konservativ, moderat konservativ, extrem konservativ, reaktionär.

4.4 Interpretation der inkonsistenten Resultate

Einen endgültigen Nachweis über die Wirkungsbereiche der beiden Theorien liefert die Studie von Fazio et al. (1977) allerdings nicht, da die Autoren den Nachweis der Dissonanz nicht direkt, sondern indirekt über die Möglichkeit zur Fehlattribution erhoben (Ross & Greenwald, 1977). Sie gingen davon aus, dass Personen ihre Einstellung in einer bestimmten Situation ohne Möglichkeit zur Fehlattribution verändern, dies aber in einer ähnlichen Situation mit Möglichkeit zur Fehlattribution nicht tun. Die Resultate aus der *Reject*-Bedingung könnten aber auch so erklärt werden, dass sich die Probanden durch die unangenehme Situation in der Kabine eingeschüchtert fühlen und ihre Aufmerksamkeit eher dem Umfeld als der Handlung widmen. Die ausbleibende Einstellungsänderung kann also durch beide Theorien erklärt werden. Eine direkte Messung der Dissonanz ist folglich unabdingbar.

Dennoch scheinen die Ergebnisse von Fazio et al. (1977) nachvollziehbar, da gemäss der Dissonanztheorie der Erregungszustand mit zunehmender Diskrepanz zwischen vorherrschender Einstellung und Handlung steigt. Die geringe Diskrepanz in der *Accept*-Bedingung führt demnach kaum zu einer Dissonanz, die grosse Diskrepanz in der *Reject*-Bedingung zu einem starken Dissonanzerlebnis. In beiden Fällen findet allerdings eine Anpassung der Einstellung statt. Da für ein Dissonanzerlebnis zwingend eine vorherrschende Einstellung vorhanden sein muss, damit überhaupt eine Diskrepanz zwischen prä-manipulativer Einstellung und Handlung bestehen kann, liegt der Schluss nahe, dass die Dissonanztheorie Einstellungs*änderungen* zu erklären vermag. Im Gegensatz dazu besagt die Selbstwahrnehmungstheorie, dass die inneren Hinweise schwach und unklar sein müssen, damit die Einstellung neu formiert werden kann. Demzufolge scheint die Selbstwahrnehmungstheorie eher die Einstellungs*bildung* zu erklären. Hinweise auf diese Behauptung liefern die Studien von Chaiken und Baldwin (1981) und Holland et al. (2002).

Tabelle 1 fasst die wichtigsten Unterschiede zwischen den beiden Theorie nochmals zusammen. Die Dissonanztheorie geht von einer vorherrschenden Einstellung aus, welche die Voraussetzung für ein Dissonanzerlebnis ist, wenn diese Einstellung im Widerspruch zu einer kritischen Handlung steht. Die Dissonanz manifestiert sich in einer psychophysiologischen Anspannung. Die vorherrschende Einstellung wird unter diesen Umständen zugunsten der Handlung *verändert*. Da die Selbstwahrnehmungstheorie weder eine vorherrschende Einstellung, noch ein Dissonanzerlebnis voraussetzt, vermag sie die Einstellungs*bildung* zu erklären.

Tabelle 1
Vergleich der Dissonanz- mit der Selbstwahrnehmungstheorie

Unterscheidungsmerkmal	Dissonanztheorie	Selbstwahrnehmungstheorie
Vorherrschende Einstellung	✓	✗
Erleben von Dissonanz	✓	✗
Psychophysiologische Anspannung	✓	✗
Vermuteter Gültigkeitsbereich	Einstellungsänderung	Einstellungsbildung

Durch diesen Ansatz lassen sich nun auch die inkonsistenten Resultate von Snyder und Ebbesen (1972) und von Ross und Schulman (1973) erklären. In der Studie von Ross und Schulman (1973) wurden die Probanden bereits zwei Wochen vor dem Laborexperiment zum Einstellungsobjekt befragt. Zu diesem Zeitpunkt bildeten sie also bereits eine Einstellung. Die Resultate zeigen, dass beide Gruppen, sowohl die Salienz- als auch die Non-Salienz-Gruppe, ihre Einstellung ändern. Aufgrund der vorherrschenden Einstellung wird also in beiden Fällen die Dissonanztheorie geprüft, wobei die Probanden, welche nach der Handlung auf die Diskrepanz zwischen prä-manipulativer Einstellung und Handlung hingewiesen werden, in stärkere Erklärungsnot geraten als die andere Gruppe. Folglich ändert die Salienz-Gruppe ihre Einstellung auch stärker als die Non-Salienz-Gruppe. Beim Experiment von Snyder und Ebbesen (1972) hat sich die Non-Salienz-Gruppe noch keine Meinung zum Einstellungsobjekt gebildet. Das Durchführen der Handlung führt also zur Bildung einer Einstellung. Dies ist konsistent mit der Selbstwahrnehmungstheorie. Weshalb die Salienz-Gruppe ihre Einstellung nicht ändert, lässt sich nur erahnen. Das Bewusstmachen der Einstellung unmittelbar vor der Handlung könnte beispielsweise nicht ausgereicht haben, um Dissonanz zu erzeugen oder die Dissonanz könnte auf externe Einflussfaktoren attribuiert worden sein. Da kein Unterschied hinsichtlich der Einstellungsänderung zur Bedingung *keine Wahlmöglichkeit* besteht, könnten sich die Probanden auch in ihrer Wahlfreiheit beeinflusst gefühlt haben. Um den tatsächlichen Grund für das Ausbleiben der Einstellungsänderung eruieren zu können, wäre eine direkte Messung der Dissonanz notwendig.

5 Herleitung der Hypothesen

Zahlreiche Studien konnten empirische Belege für die Dissonanz- und die Selbstwahrnehmungstheorie liefern. Die Falsifizierung der jeweils anderen Theorie ist bisher aber nicht gelungen (z.B. Green, 1974; Ross & Shulman, 1973; Snyder & Ebbesen, 1972). Schon früh wies Greenwald (1975) darauf hin, dass die Resultate und der Nachweis einer Theorie stark durch das Paradigma der Autoren beeinflusst werden. Demzufolge erklären Dissonanztheoretiker ihre gefundenen Resultate als Nachweis für die Dissonanztheorie. Forscher aus der Schule der Selbstwahrnehmung hingegen sehen ihre Ergebnisse als Beleg für die Selbstwahrnehmungstheorie.

Aufgrund dieser ambivalenten Resultate erscheint es sinnvoll, analog zu Fazio et al. (1977) einen Ansatz zu wählen, welcher die beiden Ansätze integriert und sie als ergänzend ansieht. Dabei sollen die wichtigsten Gemeinsamkeiten und Unterschiede der beiden Theorien sowie die Erkenntnisse aus den empirischen Untersuchungen möglichst vollständig einbezogen werden.

Ein Vergleich der beiden Theorien verlangt nach Indikatoren, welche die eine Theorie für den entsprechenden Geltungsbereich zweifelsfrei verifizieren und gleichzeitig die andere Theorie falsifizieren können. Hierfür haben wir ein Forschungsdesign erarbeitet, welches eine eindeutige Messung der erlebten Anspannung, eine Variation der Anzahl Handlungen im Hinblick auf einen Verstärkungseffekt, eine prä- und post-manipulative Einstellungsmessung auf den Dimensionen Einstellungsvalenz und –intensität sowie eine Manipulation im Sinne der forcierten Einwilligung integriert.

5.1 Formulierung der Voraussetzungen

Die Vorhersage beider Theorien unter forcierter Einwilligung ist dieselbe. Die Dissonanz- sowie die Selbstwahrnehmungstheorie postulieren, dass sich die prä-manipulative Einstellungsvalenz einer Handlung angleicht, wenn diese im Widerspruch stehen. Diese Angleichung trifft allerdings nur ein, wenn Personen den Grund für das Durchführen der Handlung intern attribuieren und keine externe Rechtfertigung dafür heranziehen können (z.B. eingeschränkte Wahlfreiheit, Belohnung oder Bestrafung).

Um die interne Attribution der Handlungsursache sicherzustellen, muss sich also die post-manipulative Einstellungsvalenz im Vergleich zur prä-manipulativen Einstellungsvalenz der Handlung angleichen. Die erste Hypothese H1a lautet demzufolge:

> Hypothese H1a:
> Durch eine kritische Handlung verändert sich die Einstellungsvalenz zugunsten der getätigten Handlung.

Dies ist unabhängig von der Ausprägung der Einstellungsvalenz. Ungeachtet dessen, ob die vorherrschende Einstellung positiv, neutral oder negativ ist, gleicht sich die Einstellungsvalenz der Handlung an. Studien im Bereich der Einstellungsintensität konnten allerdings zeigen, dass die Intensität einer Einstellung einen Einfluss auf die Veränderung der Einstellungsvalenz hat, sofern Personen ihre Handlung frei wählen können (vgl. Chaiken & Baldwin, 1981; Holland et al., 2002). Die Einstellungsintensität bestimmt, wie stark die vorherrschende Einstellung ausgeprägt ist. Bei einer Situation mit forcierter Einwilligung machen die beiden Theorien hinsichtlich des Zusammenhangs zwischen Einstellungsintensität und Veränderung der Einstellungsvalenz gegensätzliche Vorhersagen: Da die Selbstwahrnehmungstheorie keine vorherrschende Einstellung voraussetzt und nur dann eine Einstellungsbildung bzw. –änderung vorhersagt, wenn die internen Hinweise „schwach, unklar oder nicht interpretierbar" (Bem, 1972) sind, sollte eine starke Einstellung zu einer geringen, ein schwache Einstellung zu einer grossen Veränderung der Einstellungsvalenz führen. Die Dissonanztheorie von Festinger (1957) geht dagegen davon aus, dass eine vorherrschende Einstellung vorhanden sein muss, damit überhaupt Dissonanz empfunden werden kann. Das Dissonanzerlebnis ist dann die Voraussetzung für die Veränderung der Einstellungsvalenz. Dies führt nun dazu, dass bei einer schwachen Einstellung eine geringe und bei einer starken Einstellung eine grosse Veränderung der Einstellungsvalenz stattfindet. Wir erwarten nun, dass sich diese beiden gegensätzlichen Vorhersagen gegenseitig aufheben. Daraus lässt sich Hypothese H1b ableiten:

> Hypothese H1b:
> Die Änderung der Einstellungsvalenz ist unabhängig von der Ausprägung der Einstellungsintensität.

Sollte entgegen unserer Hypothese ein Zusammenhang zwischen der Einstellungsintensität und der Änderung der Einstellungsvalenz nachgewiesen werden können, müsste diese Variable in den nachfolgenden Hypothesen, die mit der Änderung der Einstellungsvalenz zu tun haben, berücksichtigt werden.

5.2 Formulierung des Gültigkeitsbereiches der beiden Theorien

Gemäss Festinger (1957) geht einer Einstellungsänderung unter forcierter Einwilligung Dissonanz voraus. Dabei ist die Motivation zur Dissonanzreduktion umso grösser, je stärker die Dissonanz ist. Die Studie von Fazio et al. (1977) liefert einen Hinweis, dass eine grosse Differenz zwischen vorherrschender Einstellungsvalenz und kritischer Handlung zu einem hohen Arousal führt. Dieses Arousal ist mit der erlebten Anspannung gleichzusetzen. Croyle und Cooper (1983) konnten zeigen, dass sich das Arousal physiologisch in Form einer verstärkten elektrodermalen Aktivität manifestiert. Die Dissonanztheorie vermag also Einstellungs*änderungen* durch einstellungskonträre Handlungen zu erklären.

Gleichzeitig geht aus der Untersuchung von Fazio et al. (1977) hervor, dass auch bei geringer Differenz zwischen vorherrschender Einstellungsvalenz und Handlung eine Veränderung der Einstellungsvalenz resultieren kann. Unter Einbezug der Ergebnisse aus den Studien zur Einstellungsintensität (Chaiken & Baldwin, 1981; Holland et al. 2002), welche zeigen konnten, dass die Einstellungsstärke ein Prädiktor für die postmanipulative Einstellung ist, lässt sich eine Vermutung für den Gültigkeitsbereich der Selbstwahrnehmungstheorie herstellen. Da Personen mit einer schwachen Einstellung ihre Einstellungsvalenz durch eine freiwillige Einwilligung in eine kritische Handlung ändern, Personen mit einer starken aber nicht (Holland et al. 2002), scheint die Selbstwahrnehmungstheorie der geeignete Ansatz zu sein, um die Einstellungs*bildung* zu erklären. Wenn bei der *Bildung* der Einstellungsvalenz unter forcierter Einwilligung kein psychophysiologisches Arousal nachgewiesen werden kann, könnte dies ein Hinweis für den Geltungsbereich der Selbstwahrnehmungstheorie sein.

Ob ein Arousal erlebt wird, hängt also von der Valenz und Intensität der vorherrschenden Einstellung sowie von der kritischen Handlung ab. Je grösser die Diskrepanz zwischen vorherrschender Einstellungsvalenz und Handlung und je stärker die Ausprägung der Einstellung, desto höher sollte das Arousal ausfallen. Bei geringer Diskrepanz zwischen vorherrschender Einstellungsvalenz und Handlung sowie einer schwach ausgeprägten Einstellung tritt kein Arousal auf. Aufgrund dieser Überlegungen formulieren wir unseren Erklärungsansatz zur Einstellungsbildung und -änderung:

> Hauptannahme:
> Die Dissonanztheorie erklärt die Einstellungs*änderung*. Die Selbstwahrnehmungstheorie erklärt die Einstellungs*bildung*.

> Annahme a):
> Bei einer vorherrschenden Einstellung erleben Personen unter forcierter Einwilligung Dissonanz, welche durch eine *Änderung* der Einstellungsvalenz abgebaut wird.

> Annahme b):
> Ohne vorherrschende Einstellung erleben Personen unter forcierter Einwilligung keine Dissonanz, sondern beobachten ihre Handlung. Dies dient ihnen als Grundlage für die *Bildung* der Einstellungsvalenz.

Da diese Annahmen nicht direkt geprüft werden können, haben wir sie nicht als *Hypothesen*, sondern als *Annahmen* formuliert. Ob wir die Annahmen bestätigen können, hängt von der Überprüfung verschiedener Hypothesen ab. Ein Nachweis für die Geltungsbereiche der beiden Theorien verlangt, dass der jeweilige Gültigkeitsbereich der einen Theorie verifiziert, die andere Theorie aber gleichzeitig ausgeschlossen werden kann. Wir stellen daher im Folgenden eine Reihe von Hypothesen auf, die darauf abzielen, den Geltungsbereich der jeweiligen Theorie aufzuzeigen. Im Anschluss an die Formulierung der jeweiligen Hypothesen zeigen wir einen Überblick, der veranschaulicht, welche Hypothesen im Zusammenhang mit Annahme a) bzw. Annahme b) stehen.

5.3 Formulierung des Zusammenhangs zwischen der vorherrschenden Einstellung und dem Arousal

Zunächst überprüfen wir den oben postulierten Zusammenhang zwischen der vorherrschenden Einstellung und dem Arousal. Die vorherrschende Einstellung ist eine Funktion der beiden Dimensionen Valenz und Intensität. Ob eine Einstellung vorhanden ist, wird durch die Intensität bestimmt. Die Valenz bestimmt dabei, ob eine positive, neutrale oder negative Beziehung zum Einstellungsobjekt besteht. Unter Konstanthaltung der Handlung definiert sich die Diskrepanz zwischen Einstellungsvalenz und Handlung lediglich durch die Einstellungsvalenz. Widerspricht eine Handlung der vorherrschenden Einstellungsvalenz, stehen extreme Werte der Einstellungsvalenz für eine grosse Diskrepanz, niedrige Werte für eine geringe Diskrepanz. Das Ausmass des Arousals bestimmt sich demnach durch die Valenz und Intensität der vorhandenen Einstellung und wird anhand der relativen Zunahme der elektrodermalen Aktivität gemessen.

Diese Überlegungen führen zu Hypothese 2:

Hypothese H2:
Die vorherrschende Einstellung bestimmt das Ausmass des Arousals, welches durch eine einstellungskonträre Handlung ausgelöst wird.

Hypothese H2a:
Je extremer die Einstellungsvalenz, desto höher fällt das psychophysiologische Arousal aus.

Hypothese H2b:
Je stärker die Einstellungsintensität, desto höher fällt das psychophysiologische Arousal aus.

Hypothese H2c:
Je extremer die Einstellung aufgrund der Interaktion zwischen Valenz und Intensität, desto höher fällt das psychophysiologische Arousal aus.

Das Dissonanzerlebnis sowie die vorherrschende Einstellung stellen die entscheidenden Unterschiede zwischen Dissonanz- und Selbstwahrnehmungstheorie dar. Unter der Voraussetzung, dass Hypothese H1a angenommen werden kann, wäre die Annahme von Hypothese H2 ein erster Hinweis auf die unterschiedlichen Gültigkeitsbereiche der beiden Theorien. Wir nehmen Hypothese H2 an, wenn eine der drei Unterhypothesen belegt werden kann.

Grundsätzlich gehen wir davon aus, dass sich eine vorherrschende Einstellung sowohl durch die Valenz wie auch die Intensität definiert. Den gemeinsamen Einfluss beider Dimensionen der Einstellung auf das Arousal testen wir anhand von Hypothese H2c. Inwiefern die Valenz bzw. die Intensität alleine einen Einfluss auf das Arousal hat, wird anhand von Hypothese H2a bzw. H2b getestet. Dies würde zeigen, ob die Diskrepanz zwischen vorhandener Einstellungsvalenz und Handlung oder die Stärke der Einstellung ein besserer Prädiktor für das Arousal ist.

Wenn nun Personen eine neutrale Einstellungsvalenz mit schwacher Intensität aufweisen, dadurch kein Arousal erleben und trotzdem ihre Einstellungsvalenz ändern, ist dies ein erster Indikator auf den Gültigkeitsbereich der Selbstwahrnehmungstheorie. Für die Dissonanztheorie würde sprechen, wenn Personen mit extremer Einstellungsvalenz und starker Intensität Arousal erleben und als Folge ihre vorhandene Einstellungsvalenz verändern.

5.4 Formulierung der Indikatoren zur Dissonanztheorie

Da gemäss Dissonanztheorie das Arousal eine Voraussetzung für eine Einstellungsänderung ist, kann analog zu Hypothese 2 ein Zusammenhang zwischen Arousal und Änderung der Einstellungsvalenz angenommen werden. Dabei sollte ein grosses Arousal zu einer starken Einstellungsänderung führen, ein geringes Arousal dagegen eine geringe Einstellungsänderung bewirken. Diese Behauptung soll anhand von Hypothese 3 geprüft werden:

> Hypothese H3:
> Je stärker die Dissonanz in Form von psychophysiologischer Anspannung, desto grösser ist die daraus resultierende Änderung der Einstellungsvalenz zugunsten der getätigten Handlung.

Eine Annahme der Hypothesen H2 und H3 würde eindeutig für die Dissonanztheorie im Gültigkeitsbereich der grossen Diskrepanz (H2a) bzw. starken Einstellungsintensität (H2b) sprechen. Gleichzeitig könnte die Selbstwahrnehmungstheorie in diesem Gültigkeitsbereich verworfen werden, da diese kein Arousal und folglich auch keinen Zusammenhang zwischen Arousal und Einstellungsänderung erwartet. Können diese beiden Hypothesen angenommen werden, spricht dies für die oben formulierte Annahme a).

Hypothese H2 könnte gleichzeitig die Grenze des Geltungsbereichs der Dissonanztheorie aufzeigen. Würde hier im Bereich der geringen Diskrepanz und schwachen Einstellungsintensität der Nachweis für eine gesteigerte elektrodermale Aktivität fehlschlagen, könnte die Dissonanztheorie in diesem Zusammenhang verworfen werden. Ob dies aber zugunsten der Selbstwahrnehmungstheorie geschieht, muss anhand eigener Indikatoren für die Selbstwahrnehmungstheorie geprüft werden.

5.5 Formulierung der Indikatoren zur Selbstwahrnehmungstheorie

Die Verifikation des in der Annahme b) formulierten Geltungsbereichs der Selbstwahrnehmungstheorie hängt von einem Indikator ab, welcher eindeutig für diese Theorie spricht. Ein solcher ist allerdings in der Theorie, wie sie von Bem (1972) formuliert wurde, nicht zu finden. Aus inhaltlichen Überlegungen ist es aber naheliegend, die Anzahl von Selbstbeobachtungen eigener Handlungen als Indikator zu nehmen. Nimmt eine Person bei sich eine zweimalige Einwilligung in kritische Handlungen wahr, so wird sie ihre vorherrschende Einstellung (sofern überhaupt eine vorhanden ist) stärker der Handlung angleichen, als wenn sie nur in eine kritische Handlung einwilligt. Hypothese 4 lautet wie folgt:

> Hypothese H4:
> Eine Einwilligung in zwei kritische Handlungen führt zu einer stärkeren Änderung der Einstellungsvalenz als eine Einwilligung in nur eine kritische Handlung.

Dieser Umstand würde in jedem Fall für die Selbstwahrnehmungstheorie sprechen, die Dissonanztheorie allerdings nicht ausschliessen können. Da letztere aber zwingend ein Arousal voraussetzt, ist ein Verstärkungseffekt, ausgelöst durch mehrere kritische Handlungen, ohne einhergehende erhöhte elektrodermale Aktivität, ein eindeutiger Indikator für die Selbstwahrnehmungstheorie. Der Nachweis der Hauptannahme hängt also von allen Hypothesen ab.

5.6 Zusammenfassung der Hypothesen

Hypothese H1a bildet die Voraussetzung, dass unser Experimentaldesign funktioniert und die kritische Handlung tatsächlich zu einer Änderung der Einstellungsvalenz führt. Eine mögliche Erklärung dafür liefert Hypothese H1b.

Hypothese 2 prüft dann die Voraussetzungen für die beiden Theorien. Die Dissonanztheorie muss schliesslich zwingend mit einem Arousal einhergehen, die Selbstwahrnehmungstheorie darf wiederum kein Arousal beinhalten. Während Hypothese H2 noch von einem Kontinuum zwischen vorherrschender Einstellungsvalenz und Arousal ausgeht und somit eine Vorhersage für die beiden Theorien integriert, machen die Hypothesen H3 und H4 konkrete Aussagen zur jeweils zugrunde gelegten Theorie. Aus *Abbildung 3* wird ersichtlich, inwiefern die formulierten Hypothesen zusammenhängen.

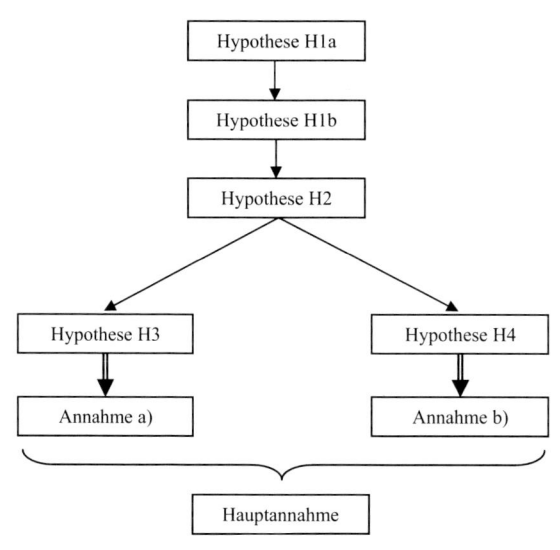

Abbildung 3. Zusammenhang der Hypothesen hinsichtlich der formulierten Annahmen.

Annahme a) kann also bestätigt werden, wenn eine handlungsbedingte Einstellungsänderung stattgefunden hat (H1a), die vorherrschende Einstellungsvalenz mit Arousal einhergeht (H2) und das erlebte Arousal ein Prädiktor für die Einstellungsänderung ist (H3). Dies würde eindeutig dafür sprechen, dass die Dissonanztheorie die *Änderung* der vorherrschenden Einstellung erklärt.

Annahme b) setzt ebenfalls eine Veränderung der Einstellungsvalenz in Richtung der Handlung voraus. Diese darf aber mit keinem Arousal einhergehen (H2), sondern muss mit der Anzahl eingewilligter Handlungen in Verbindung stehen (H4). Dies wäre ein Nachweis dafür, dass die Selbstwahrnehmungstheorie die Einstellungs*bildung* erklärt.

6 METHODE

6.1 Experimentelles Design

Das Experiment wurde durch eine Kombination von Between-Subjects und Within-Subject Variablen durchgeführt, wobei wir die Einstellungsänderung anhand von zwei Einstellungsmessungen (erste vs. zweite Einstellungsmessung; Within-Subject) und das Arousal anhand von zwei Messzeitpunkten (Baseline- vs. Dissonanzphase; Within-Subject) erhoben. Gleichzeitig verglichen wir die Änderung der Einstellungsvalenz und die relative Zunahme der elektrodermalen Aktivität zwischen den Probanden (Between-Subjects). Zudem variierten wir die Anzahl der eingewilligten Handlungen (eine Handlung vs. zwei Handlungen; Between-Subjects). *Abbildung 4* zeigt einen Überblick über unser Experiment:

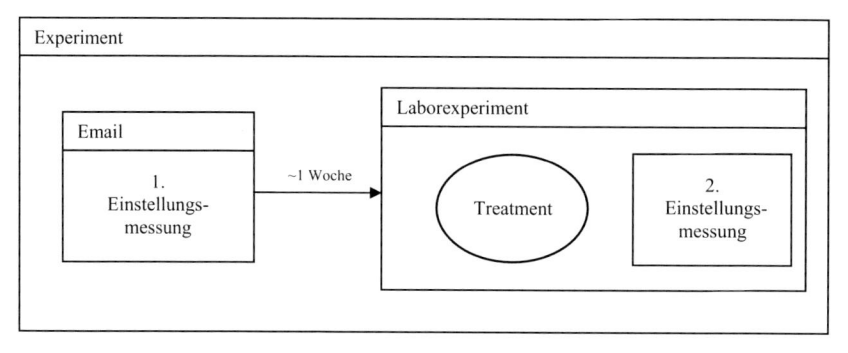

Abbildung 4. Schematische Darstellung des Versuchsplans.

Nach einer ersten Einstellungserhebung per Email fand ungefähr eine Woche später im Labor das Treatment statt, welches die Messung der elektrodermalen Aktivität, die Variation der Handlungen und die zweite Einstellungsmessung beinhaltete.

Im Folgenden werden zunächst das Einstellungsobjekt und die eingesetzten Messinstrumente genauer erläutert. Im Anschluss daran werden das genaue Vorgehen und der Versuchsplan des Experimentes beschrieben.

6.2 Einstellungsobjekt

Die Hypothesen verlangen nach einem Einstellungsobjekt, welches ein möglichst breites Spektrum der Einstellungsvalenz und -intensität abdeckt. Ein erster Pretest zum Thema Greenpeace resultierte in einem Deckeneffekt, d.h. alle Probanden ($N = 10$) bewerteten Greenpeace als sehr positiv. Mögliche Erklärungsansätze dafür könnten in der sozialen Erwünschtheit (vgl. Barton, 1958; Esser, 1986) oder im Tangieren von geschützten Werten (vgl. Baron & Spranca, 1997) liegen. In einem Brainstorming wurden weniger sensible Themen eruiert und ein weiterer Pretest ($N = 15$) zeigte, dass das Einstellungsobjekt *20min* (eine weit verbreitete Gratistageszeitung in der deutschsprachigen Schweiz) auf den beiden Dimensionen Valenz und Intensität die beste Streuung aufweist.

6.3 Messinstrumente

6.3.1 Einstellungsvalenz und -intensität

Die Einstellungsvalenz beschreibt, ob eine Person gegenüber dem Einstellungsobjekt eine positive, neutrale oder negative Einstellung hat. Hierfür setzten wir ein 11-stufiges semantisches Differential mit den vier Dimensionen *gut – schlecht, klug – dumm, angenehm – unangenehm* und *nützlich – schädlich* ein. Diese Skala wurde bereits von Chaiken und Baldwin (1981) für die Messung der affektiven Komponente der Einstellung gegenüber ökologischem Verhalten verwendet.

Die Einstellungsintensität, also ob eine Person eine starke bzw. eine schwache Einstellung gegenüber einem Einstellungsobjekt hat, erhoben wir anhand von vier Items auf einer 11-stufigen Likertskala. Diese gehen auf Pomerantz, Chaiken und Tordesillas (1995) zurück und wurden von Holland et al. (2002) bereits erfolgreich eingesetzt. Sie lauten: „Wie sicher sind Sie sich Ihrer Einstellung zu *20min*?" (1 = *sehr unsicher* bis 11 = *sehr sicher*), „Wie wichtig ist *20min* für Sie persönlich?" (1 = *sehr unwichtig* bis 11 = *sehr wichtig*), „Meine Einstellung zu *20min* bildet eine gute Beschreibung von mir selbst." (1 = *stimme überhaupt nicht zu* bis 11 = *stimme vollständig zu*) und „Meine Einstellung zu *20min* repräsentiert meine mir persönlich wichtigen Werte." (1 = *stimme überhaupt nicht zu* bis 11 = *stimme vollständig zu*).

6.3.2 Arousal (Erregungszustand)

Das Arousal erhoben wir analog zu Croyle und Cooper (1983) mittels der elektrodermalen Aktivität (Hautleitfähigkeit). Diese misst die Leitfähigkeit der ekkrinen Schweissdrüsen, welche einerseits für die Thermoregulation verantwortlich sind, andererseits „reagieren sie aber auch sensibel auf ‚psychische' Reize unterschiedlichster Art" (Vossel & Zimmer, 1998, S. 50).

Zur Messung der elektrodermalen Aktivität setzten wir ein Gerät des Typs PAR – PORT / F ein. Dazu wurden zwei mit Elektrodenleitcreme befeuchtete Sensoren in einem Abstand von ca. 1.5 cm auf dem Daumenballen der Handinnenfläche platziert (vgl. Vossel & Zimmer, 1998). Gemessen wurden die tonische und die phasische Hautleitfähigkeit (SCL[2] und SCR[3]). Die tonische Hautleitfähigkeit (SCL) wurde in einem Zeitabstand von 0.1 Sekunden erhoben und bezieht sich auf das generelle, durchschnittliche Niveau der Hautleitfähigkeit. Sie verändert sich nur langsam. Die phasische Hautleitfähigkeit (SCR) wurde in einem Abstand von 0.02 Sekunden erhoben und bezeichnet die Fluktuationen, welche aufgrund eines oder mehrerer Reize auftreten. Das Messgerät wurde über eine serielle COM-Schnittstelle an einem Notebook angeschlossen, auf dem die Software PARPORT Online 3.2 für die Aufzeichnung der Daten installiert war.

6.4 Versuchsplan

6.4.1 Rekrutierung

Die Rekrutierung der Probanden erfolgte in Vorlesungen, via Mailingliste und mittels Werbung für ein Experiment mit der Beschreibung *Auswirkungen von kognitiven Leistungen auf physiologische Merkmale*. Als Anreiz konnten sich die Teilnehmer eine Versuchspersonenstunde anrechnen lassen sowie an einer kleinen Verlosung teilnehmen.

Bei einer Zusage vereinbarten wir sofort einen Termin für das Laborexperiment mit der Anmerkung, dass die Versuchsperson ca. eine Woche vor dem Termin einen kurzen Fragebogen (erste Einstellungsmessung) ausfüllen und diesen via Email zurücksenden soll.

---

[2] Skin Conductance Level
[3] Skin Conductance Response

6.4.2 Erste Einstellungsmessung

Der Fragebogen beinhaltete die erste Einstellungsmessung mit den jeweils vier Items zur Einstellungsvalenz und –intensität hinsichtlich *20min*. Zusätzlich wurde noch gefragt, ob sie *20min* lesen und wenn ja, wie häufig (*weniger als 1x pro Woche*, *1-2x pro Woche*, *3-4x pro Woche* oder *täglich*).

Um die Aufmerksamkeit vom Thema *20min* abzulenken, wurden zwei weitere Gratiszeitungen (*Heute* und *Punkt CH*) in den Fragebogen integriert und anhand derselben Items abgefragt.

Den Fragebogen erstellten wir in zwei Versionen. Sie unterschieden sich im Layout und in der Richtung der Skalen. Bei der ersten Einstellungsmessung erhielten die Probanden per Email entweder Version X oder Version Y. Dies diente dazu, Erinnerungseffekte zu minimieren, da die Probanden bei einer zweiten Einstellungsmessung mit denselben Items, allerdings diesmal mit der anderen Version und nur hinsichtlich *20min* (ohne die beiden Distraktoren) konfrontiert wurden.

Abgeschlossen wurde der Fragebogen mit demographischen Angaben zum Alter, Geschlecht und Beruf / Studiengang.

6.4.3 Coverstory und Installation des Messgeräts

Zum vereinbarten Termin begleitete einer von uns jeweils einen Probanden in den Experimentalraum und stellte sich als Versuchsleiter vor. Dabei erwähnten wir nochmals, dass sie an einer Studie teilnehmen würden, die sich mit den Auswirkungen von kognitiven Leistungen auf physiologische Merkmale (Hautleitfähigkeit) befasse. Uns interessiere insbesondere der Unterschied zwischen Ruhe- und Aktivierungszustand, daher gebe es auch zwei Baselineerhebungen. Der Versuchsleiter werde in dieser Zeit den Raum verlassen, damit sich der Proband in Ruhe entspannen könne.

Während dem Installieren des Messgeräts wies der Versuchsleiter darauf hin, dass das Gerät sehr sensibel sei und auf Bewegungen und Sprechen reagieren würde. Sie sollten deshalb ihre Hand ruhig halten und möglichst wenig sprechen. Er selber werde ebenfalls wenig sagen. Die Instruktionen seien standardisiert und schriftlich vorhanden. Der Versuchsleiter betonte allerdings auch, dass der Apparat absolut harmlos sei und die meisten Personen ihn als nicht störend empfinden würden. Dies sollte eine mögliche Fehlattribution des Arousals auf das Messgerät verhindern.

Der Versuchsleiter schaltete nun das EDA-Gerät ein und erklärte, dass die Probanden nun eine Reihe von Aufgaben erhalten würden. Diese seien in zwei Abschnitte - A und B - gegliedert. Bei Abschnitt A gehe es um das Lösen von Rätseln während sich Abschnitt B mit dem Generieren von Argumenten befasse. Es spiele dabei keine Rolle, wie gut die Aufgaben gelöst würden.

Dann erhielten die Probanden den ersten Teil A (die kognitiven Aufgaben, siehe Anhang A: Kognitive Aufgaben und Arousal) ausgehändigt und wurden gebeten, die Instruktionen zu lesen. Darin wurde explizit erwähnt, dass das Experiment jederzeit ohne Konsequenzen abgebrochen werden könne. Die Versuchspersonenstunde würde dennoch angerechnet und sie würden auch an der Verlosung teilnehmen können. Dies sollte dazu führen, dass die Probanden das Gefühl hatten, freiwillig an der Studie teilzunehmen. Diese subjektive Wahlfreiheit bezüglich einer Handlung ist eine Voraussetzung, damit gemäss der Dissonanz- sowie der Selbstwahrnehmungstheorie eine Einstellungsänderung stattfindet.

Nun folgte der schriftliche Hinweis auf die erste Baselinemessung und die Probanden wurden gebeten, vier Minuten in ruhiger Position zu verweilen. Der Versuchsleiter verliess den Raum, kehrte nach abgelaufener Zeit zurück und wies den Probanden an, nun mit den kognitiven Aufgaben zu beginnen. Die Reihenfolge und Vollständigkeit beim Lösen spiele dabei keine Rolle. Die Versuchspersonen wurden im Glauben gelassen, dass dies Bestandteil der eigentlichen Studie sei. Tatsächlich handelte es sich dabei jedoch nur um Distraktoraufgaben der Coverstory.

Nach zehn Minuten unterbrach der Versuchsleiter die Probanden mit dem Hinweis, es käme nun ein neuer Aufgabenblock. Teil A wurde eingesammelt und Teil B (Argumente generieren) verteilt. An dieser Stelle begann die eigentliche Manipulation.

6.4.4 Manipulation

Die Probanden mussten nun in eine Handlung einwilligen, die ihrer Einstellung gegenüber *20min* widerspricht. Gemäss Bem (1965) reicht die Einwilligung in eine Handlung aus, um eine Einstellungsänderung herbeizuführen. Die entsprechende Handlung muss dann nicht zwingend durchgeführt werden. Gleiches gilt für die Dissonanztheorie (Stone & Cooper, 2001). Die Versuchsteilnehmer wurden aufgrund der ersten Einstellungsmessung in zwei Gruppen aufgeteilt: In Befürworter und Gegner von *20min* (Einstellungsvalenz >0 bzw. <0, aufsummiert über die vier Items des semantischen Differentials; falls die Summe null ergab, entschied der Münzwurf). Dementsprechend erhielten sie eine von zwei Instruktionen. Diejenige für die Befürworter von *20min* lautete:

> „In diesem Abschnitt geht es um die Generierung von Argumenten sowie die Messung Ihrer Einstellung.
>
> Auf der Homepage von Students.ch wird ein Artikel über Gratiszeitungen veröffentlicht. Dafür benötigen die Autoren möglichst viele Aspekte, welche die Vor- und Nachteile von 20min hervorheben.
>
> Da wir bereits genügend *PRO*-Argumente bezüglich 20min gesammelt haben, wären wir sehr froh, wenn Sie nachfolgend möglichst viele *KONTRA*-Argumente beschreiben würden.
>
> Wir möchten Sie darauf aufmerksam machen, dass diese Aufgabe freiwillig erfolgt. Falls Sie diese Aufgabe nicht erfüllen möchten, können Sie jederzeit aus dem Experiment aussteigen. Sie können trotzdem an der Verlosung teilnehmen und es wird Ihnen trotzdem eine Studienteilnahme-Stunde angerechnet. Wir wären Ihnen aber sehr dankbar, wenn Sie uns diesen Gefallen erweisen würden!
>
> Besten Dank!
>
> Bevor Sie damit loslegen, unterschreiben Sie bitte dieses Blatt, womit Sie sich einverstanden erklären, dass Ihre aufgelisteten Argumente auf Students.ch veröffentlicht werden dürfen."

Bei der Version für die Gegner von *20min* wurden die Begriffe *Pro* und *Kontra* ausgetauscht. Der erneute Hinweis auf das konsequenzenlose Aussteigen aus der Studie sollte den Probanden die subjektive Wahlfreiheit nochmals bewusst machen und das Commitment in die Handlung durch die Einverständniserklärung erhöhen.

Nachdem die Probanden unterschrieben hatten, verliess der Versuchsleiter den Raum erneut für die angeblich zweite Baselinemessung von drei Minuten. Tatsächlich wurde hier aber nicht eine Baseline, sondern eine allfällige Dissonanz gemessen.

Nach Ablauf der Zeit kehrte der Versuchsleiter wieder in den Raum zurück und forderte den Probanden auf, weiterzublättern.

6.4.5 Zweite Einstellungsmessung und Manipulation der Handlungen

Die Probanden wurden nun schriftlich über den Ablauf von Abschnitt B informiert. Dabei sollte ihnen glaubhaft gemacht werden, dass das Generieren von Argumenten nach dem Ausfüllen des Fragebogens (zweite Einstellungsmessung) erfolge.

Die Zuteilung auf die beiden Gruppen *eine Handlung* und *zwei Handlungen* erfolgte zufällig. Die Instruktion für die Befürworter-Gruppe mit einer Handlung lautete:

„Zunächst findet eine Einstellungsmessung statt. Danach sollten Sie möglichst viele Argumente GEGEN 20min sammeln.

Bevor Sie nun mit dem Sammeln der Argumente beginnen, füllen Sie bitte folgenden Fragebogen aus."

Die Befürworter-Gruppe mit zwei Handlungen wurde folgendermassen instruiert:

„Zunächst findet eine Einstellungsmessung statt. Danach sollten Sie möglichst viele Argumente GEGEN 20min sammeln. Die letzte Aufgabe besteht darin, dass Sie mit einem anderen Probanden aus dem Nebenraum eine kurze Diskussion (5min) über die Vor- und Nachteile von 20min führen. Sie sollen dabei den Standpunkt KONTRA-20min vertreten, während Ihr Gegenüber FÜR 20min argumentiert.

Bevor Sie nun mit dem Sammeln der Argumente beginnen, füllen Sie bitte folgenden Fragebogen aus."

Analog zur ersten Manipulation wurden für die Gegner-Gruppe auch hier die Worte *Gegen* und *Für* sowie *Kontra* und *Pro* vertauscht.

Auf diese Instruktion folgte die zweite Einstellungsmessung anhand derselben Items wie bei der ersten Befragung. Diesmal wurden allerdings nur Fragen zu *20min* gestellt, das Layout verändert und die Skalen gedreht. In Anhang B sind die Instruktionen für Personen, welche pro 20min argumentieren mussten sowie die Einverständniserklärung, die zweite Einstellungsmessung und die Misstrauensitems aufgeführt.

6.4.6 Misstrauensitems

Nachdem die Probanden den Fragebogen vollständig ausgefüllt hatten, wurden ihnen die Misstrauensitems vorgelegt. Die Fragen zur forcierten Einwilligung (*„Hatten Sie irgendwann das Gefühl, Sie würden in dieser Studie zu einer Handlung gezwungen?"*) und zur subjektiv wahrgenommenen Wahlfreiheit (*„Wie bewusst waren Sie sich, dass Sie jederzeit ohne Konsequenzen aus dieser Studie aussteigen konnten?"*) wurden auf einer 7-Punkte Likertskala erhoben, die Holland et al. (2002) bereits erfolgreich eingesetzt hatten. Mit der letzten Frage wollten wir von den Probanden wissen, ob ihnen am Experiment irgendetwas besonders aufgefallen oder verdächtig vorgekommen sei. Falls ja, sollten sie dies beschreiben. Während sich die ersten beiden Fragen mit der Überprüfung der Manipulation im Zusammenhang mit Voraussetzungen der Dissonanz-

und Selbstwahrnehmungstheorie beschäftigten, testete die dritte Frage die Glaubwürdigkeit der Coverstory.

Nach Beantwortung der letzten Frage wurde das EDA-Gerät ausgeschaltet und den Probanden erklärt, dass sie keine Argumente sammeln müssten und das Experiment zu Ende sei. Schliesslich erhielt jeder Teilnehmer ein sorgfältiges Debriefing.

7 RESULTATE

7.1 Stichprobe

Insgesamt haben 74 Personen in einem Zeitraum von drei Monaten an der Studie teilgenommen. Davon wurden vier aus dem Datensatz ausgeschlossen, weil sie die Coverstory durchschaut hatten. Sie äusserten bei der letzten Frage der Misstrauensitems die Vermutung, das Experiment untersuche die Veränderung ihrer Einstellung gegenüber *20min*. Von den verbleibenden 70 Personen waren 48 weiblich und 22 männlich. Der Altersdurchschnitt lag bei 25.47 Jahren, wobei die jüngste Person 19 und die älteste 32 Jahre alt war. Drei Personen waren berufstätig, die übrigen 67 waren Studenten oder Doktoranden, grösstenteils aus dem Fachbereich Psychologie.

7.2 Prüfung der Eindimensionalität

Zunächst überprüften wir die Reliabilität der für die Einstellungsvalenz bzw. -intensität eingesetzten Items. Ein Cronbachs Alpha über 0.8 lässt darauf schliessen, dass alle Items dasselbe Konstrukt erheben (vgl. Bortz & Döring, 2006). Bei der Skala zur Messung der ersten Einstellungsvalenz ergibt sich ein Cronbachs Alpha von 0.89. Für den zweiten Erhebungszeitpunkt beträgt Cronbachs Alpha 0.90. Aufgrund dieser Werte kann man davon ausgehen, dass die Items für die Messung der Einstellungsvalenz allesamt dieselbe Dimension messen.

Die Reliabilitätsanalyse der Items zur Einstellungsintensität ergibt für den ersten Messzeitpunkt ein Cronbachs Alpha von 0.65 und für den zweiten Zeitpunkt ein Alpha von 0.41. Aufgrund dieser eher geringen Werte kann man davon ausgehen, dass nicht alle Items der Einstellungsintensitäts-Skala dasselbe Konstrukt erheben.

Der Wert von Cronbachs Alpha verbessert sich, wenn das Item *Wie wichtig ist 20min für Sie persönlich?* herausgenommen wird. In diesem Fall ergeben sich für die Einstellungsintensität ein Cronbach Alphas von 0.71 beim ersten bzw. 0.55 beim zweiten Messzeitpunkt. Zwar sind die Werte immer noch nicht ideal, aber zumindest für die erste Erhebung akzeptabel. Auch inhaltlich gesehen macht der Ausschluss dieses Items Sinn. Insbesondere Personen mit negativer Einstellungsvalenz finden das Thema *20min* automatisch unwichtig. Trotzdem können sie eine starke Intensität aufweisen. In diesem

Fall ist der Wert des ausgeschlossenen Items sehr tief, während die anderen drei Items hohe Werte aufweisen. Für die nachfolgenden statistischen Auswertungen wurde dieses Item aus der Skala der Einstellungsintensität herausgenommen.

7.3 Aufbereitung der Rohdaten

7.3.1 Berechnung der Einstellungsvalenz und -intensität

In den ausgefüllten Fragebögen zur ersten und zweiten Einstellungsmessung hatten fünf Personen einen fehlenden Wert, also die entsprechende Frage nicht beantwortet. Da Hypothese H1a von einer Veränderung der Einstellungsvalenz ausgeht, wäre die gegenteilige Annahme keine Veränderung der Einstellungsvalenz. Dementsprechend füllten wir die fehlenden Werte in der einen Einstellungserhebung mit dem Wert desselben Items derselben Person aus der jeweils anderen Einstellungserhebung aus. Hatte beispielsweise eine Person in der ersten Einstellungserhebung das Item *Wie sicher sind Sie sich Ihrer Einstellung zu 20min?* nicht beantwortet und in der zweiten Einstellungserhebung für dieses Item den Wert 5 angekreuzt, haben wir ihr auch in der ersten Einstellungserhebung den Wert 5 zugeteilt. Keine Person hatte mehr als einen fehlenden Wert. Wir erachten diesen Umgang mit den Missing Values als konservativ und daher als zulässig.

Die Einstellungsvalenz berechnet sich durch eine Addition der vier Items. Dabei können Werte im Bereich von -20 (sehr negativ) bis +20 (sehr positiv) auftreten. In Richtung beider Extremwerte nimmt die Diskrepanz zur getätigten Handlung zu. Es spielt daher für die Überprüfung der Hypothesen keine Rolle, welches Vorzeichen die Valenz hat. Wir haben die Skala der Einstellungsvalenz daher so umcodiert, dass alle Versuchspersonen einen positiven Wert aufweisen. Personen, welche bei der ersten Einstellungsmessung einen negativen Wert hatten, wurden für beide Einstellungsmessungen am Nullpunkt gespiegelt. Im Folgenden bezeichnen wir diese Variable für die statistischen Auswertungen als *codierte Einstellungsvalenz*. Sie kann Werte von 0 bis 20 annehmen, wobei 0 eine neutrale und 20 eine extreme (positive oder negative) Einstellung beschreibt.

Unsere Hypothese H1a geht davon aus, dass sich die Einstellungsvalenz durch die Manipulation an die Handlung angleicht. Die Einstellungsänderung *Delta Einstellungsvalenz* bestimmt sich durch die Differenz der ersten von der zweiten Messung der codierten Einstellungsvalenz. Negative Werte bedeuten demzufolge eine Änderung in Richtung der Handlung, wie sie von den beiden Theorien vorhergesagt wird. Positive Werte bedeuten eine Änderung in die entgegengesetzte Richtung. Der Wert Null impliziert keine Einstellungsänderung.

Da für die Einstellungsintensität aufgrund der Mehrdimensionalität ein Item ausgeschlossen wurde, berechnen wir diese Variable durch die Addition der drei verbleibenden Items. Sie kann Werte im Bereich von 3 (sehr schwach) bis 33 (sehr stark) annehmen. Da bei dieser Skala keine negativen Werte vorkommen können, bedarf es keiner Umcodierung.

7.3.2 Berechnung der elektrodermalen Aktivität

Im Zusammenhang mit unseren Hypothesen haben wir die psychophysiologische Anspannung anhand der Veränderung der elektrodermalen Aktivitäten zwischen der Ruhe- und Dissonanzphase gemessen. Erhoben wurden dabei die tonische und phasische Hautleitfähigkeit vor und nach dem experimentellen Treatment.

Da wir neben dem intraindividuellen Vergleich zwischen Ruhe- und Dissonanzphase auch einen interindividuellen Vergleich des Arousals testen wollen, stellt sich das Problem der individuellen Unterschiede im Grundlevel der Hautleitfähigkeit zwischen Personen (vgl. Schandry, 1989). Menschen mit einem geringen Grundlevel werden wohl auch weniger hohe Ausschläge in ihrer elektrodermalen Aktivität zeigen als Personen mit einem hohen Grundlevel. Die Literatur liefert hierzu eine Vielzahl von möglichen Transformationen, sowohl für das SCL als auch für die SCR (z.B. mean of raw scores, mean of log scores, z-scores, range-correlation scores, ratio scores und simplified calculations; siehe Bush, Hess & Wolford, 1993). Bush et al. (1993) konnten zeigen, dass die z-Transformation die am besten geeignete Methode zur Datenumwandlung ist.

Für das SCL haben wir nach Empfehlung von Ben-Shakar (1985) zunächst alle Rohwerte z-transformiert, die Mittelwerte in der Ruhe- und der Dissonanzphase ermittelt und diese anschliessend voneinander subtrahiert. Dies resultierte in einem z-transformierten *Delta SCL*.

Die Berechnung von Mittelwerten für die SCR erscheint weniger aussagekräftig, da die Reaktionen auch negative Werte aufweisen können und durch eine Berechnung des

Mittelwertes viele Informationen verloren gehen würden. Für die SCR wurden deshalb zwei verschiedene Indikatoren verwendet.

Einerseits wurde analog zu Croyle und Cooper (1983) die Anzahl Spontanfluktuationen erhoben (NS.SCR.freq[4]). Vossel und Zimmer (1998) empfehlen dabei den Schwellwert bei 0.02 µS anzusetzen. Es wurden also alle Ausschläge über 0.02 µS registriert und zusammengezählt. Um den interindividuellen Unterschieden gerecht zu werden, haben wir die Differenz zwischen der NS.SCR.freq in der Dissonanz- und in der Ruhephase berechnet und anschliessend durch die NS.SCR.freq in der Ruhephase geteilt. Diese Transformation der SCR-Rohdaten wird von Lykken und Venables (1971) empfohlen und liefert uns den relativen Zuwachs von Spontanfluktuationen in der Dissonanzphase im Vergleich zur Ruhephase. Diese Kennzahl beinhaltet allerdings nur die Anzahl Spontanfluktuationen, welche 0.02 µS überschreiten. Wie stark diese Fluktuationen sind, wird nicht berücksichtigt. Sie zeigt also, wie häufig eine Person auf einen zuvor dargebotenen Reiz – in unserem Falle die kritische Handlung – reagiert.

Ein möglicher Indikator, welcher sowohl die Anzahl als auch die Stärke der Fluktuationen registriert, ist die Summenamplitude. Dabei werden die Amplituden aller Spontanfluktuationen zusammengezählt, welche einen kritischen Wert überschreiten. Diesen haben wir ebenfalls bei 0.02 µS angesetzt. Auch in diesem Fall interessiert uns primär das relative Arousal der Dissonanzphase im Vergleich zur Ruhephase. Aus diesem Grund haben wir die Differenz der Summenamplituden der beiden Phasen durch diejenige der Ruhephase dividiert. *Tabelle 2* zeigt die Berechnungsformeln, welche wir für die drei Transformationen verwendet haben.

Tabelle 2

Verfahren zur Transformation der Rohdaten für die elektrodermale Aktivität

	SCL	NS.SCR.freq	Summenamplitude
Bedeutung	Tonische Hautleitfähigkeit	Anzahl Spontanfluktuationen in der entsprechenden Phase	Summenamplitude aller Spontanfluktuationen in der entsprechenden Phase
Berechnung für Auswertung	$zSCL_{Diss} - zSCL_{Ruhe}$	$(\sum NS.SCR.freq_{Diss} - \sum NS.SCR.freq_{Ruhe}) / \sum NS.SCR.freq_{Ruhe}$	$(Summenamp._{Diss} - Summenamp._{Ruhe}) / Summenamp._{Ruhe}$

---

[4] Frequency of Nonspecific Skin Conductance Responses

7.4 Prüfung der Kontrollitems

Eine wichtige Voraussetzung der Dissonanz- und der Selbstwahrnehmungstheorie ist die Wahlfreiheit einer Handlung. Dazu gehört, dass sich die Probanden einerseits nicht gezwungen fühlen, eine kritische Handlung durchführen zu müssen und sich gleichzeitig bewusst sind, jederzeit aus der Studie aussteigen zu können. Sind diese Bedingungen erfüllt, können die Probanden ihr gezeigtes Verhalten nicht auf eine eingeschränkte Entscheidungsfreiheit zurückführen. Um dies zu überprüfen, führten wir bei beiden Misstrauensitems einen *t*-Test für eine Stichprobe durch, wobei wir den Mittelpunkt der Skala als kritischen Wert definierten. Da die Skalen der beiden Items von 1-7 reichen, beträgt dieser in beiden Fällen 4. Die Mittelwerte der beiden Skalen werden bei diesem Verfahren mit dem Testwert 4 verglichen.

Die Mittelwerte der beiden Kontrollitems sind in *Tabelle 3* aufgeführt. Beide Kontrollitems unterscheiden sich hinsichtlich des Mittelwertes in der Stichprobe signifikant vom mittleren Wert der Skala. Der *t*-Wert für das Item *„Hatten Sie irgendwann das Gefühl, Sie würden in dieser Studie zu einer Handlung gezwungen"* liegt bei $t = -11.30$ ($p < 0.001$). Das Kontrollitem *„Wie bewusst waren Sie sich, dass Sie jederzeit ohne Konsequenzen aus dieser Studie aussteigen konnten?"* weist einen *t*-Wert von $t = 17.70$ auf ($p < 0.001$). Die Wahlfreiheit der Probanden war in unserer Studie also gewährleistet.

Tabelle 3

Mittelwerte der Kontrollitems in der Stichprobe

Wahrgenommener Zwang	Bewusstsein der Ausstiegsmöglichkeit
1.89[a]	6.4[b]

[a] 1=sicher nicht; 7=auf jeden Fall
[b] 1=überhaupt nicht bewusst; 7=sehr bewusst

7.5 Prüfung der Voraussetzung: Änderung der Einstellung

> Hypothese H1a:
> Durch eine kritische Handlung verändert sich die Einstellungsvalenz zugunsten der getätigten Handlung.

Hypothese H1a geht davon aus, dass sich die Einstellungsvalenz in jedem Fall verändert. Alle Probanden führten eine einstellungskonträre Handlung durch, unabhängig davon, ob sie eine negative oder positive Einstellungsvalenz vorwiesen. Daher untersuchten wir die Veränderung anhand der codierten Einstellungsvalenz. Ist der Mittelwert der codierten Einstellungsvalenz in der zweiten Erhebung im Vergleich zur ersten Erhebung geringer, hat sich die Einstellungsvalenz zugunsten der getätigten Handlung verändert, unabhängig davon, ob sie vorher positiv oder negativ war. Um die Hypothese H1a zu prüfen, rechneten wir einen t-Test für abhängige Stichproben, da es sich um eine Messwiederholung handelt. Der Test für die Änderung der Einstellungsvalenz ergibt einen signifikanten t-Wert von 3.92 ($p < 0.001$). Dies bedeutet, dass sich die Einstellungsvalenz bei der zweiten Erhebung signifikant von der ersten Erhebung unterscheidet. Hypothese H1a kann also angenommen werden. *Tabelle 4* gibt einen Überblick über die Mittelwerte der Erhebungszeitpunkte.

Betrachtet man die Änderung der Einstellungsintensität, so ergibt sich ein nicht signifikanter t-Wert von 0.58 ($p = 0.57$). Die Intensität der Einstellung hat sich bei der zweiten Messung also nicht signifikant verändert. Die Stärke der Einstellung wurde durch die kritische Handlung also nicht beeinflusst.

Tabelle 4

Mittelwerte der Einstellungsvalenz und -intensität sowie deren Veränderung zwischen den beiden Erhebungszeitpunkten

	Mittelwert		Differenz	p
	1. Erhebung	2. Erhebung		
Einstellungsvalenz	8.36	6.44	-1.92	0.001
Einstellungsintensität	23.61	23.20	-0.41	0.57

Hypothese H1b:
Die Änderung der Einstellungsvalenz ist unabhängig von der Ausprägung der Einstellungsintensität.

Hypothese H1b geht davon aus, dass die Änderung der Einstellungsvalenz in keinem Zusammenhang mit der ersten Messung zur Einstellungsintensität steht, weil sich die gegensätzlichen Vorhersagen der Selbstwahrnehmungstheorie (positiver Zusammenhang zwischen Einstellungsintensität und Veränderung der Einstellungsvalenz) und der Dissonanztheorie (negativer Zusammenhang zwischen Einstellungsintensität und Veränderung der Einstellungsvalenz) gegenseitig aufheben.

Es zeigt sich, dass es tatsächlich keinen signifikanten Zusammenhang zwischen der Einstellungsintensität und der Veränderung der Einstellungsvalenz gibt ($p = 0.11$). Die Korrelation ist mit $r = 0.19$ sehr gering. Hypothese H1b kann also angenommen werden.

Zusätzlich untersuchten wir, ob ein direkter Zusammenhang zwischen der ersten Messung der Einstellungsvalenz und der ersten Messung der Einstellungsintensität besteht. Hierbei verwendeten wir wiederum die codierte Einstellungsvalenz, da wir von der Annahme ausgingen, dass die Einstellungsintensität in beide Richtungen der Valenz (positiv oder negativ) zunimmt. Die Korrelation zwischen den beiden Variablen beträgt $r = 0.17$ und ist nicht signifikant ($p = 0.16$). Unsere Erwartung, dass neutrale Valenz-Werte mit geringen Intensitätswerten und hohe Valenz-Werte mit hohen Intensitätswerten verbunden sind, kann somit nicht bestätigt werden.

Des Weiteren ist es wichtig, dass weder die Versuchsleiter noch die Version der Fragebögen die Änderung der Einstellungsvalenz signifikant beeinflussen. Zwei einfaktorielle Varianzanalysen mit den unabhängigen Faktoren *Versuchsleiter* und *Version* zeigen, dass die beiden Faktoren keinen signifikanten Einfluss auf die Änderung der Einstellungsvalenz haben ($F = 0.02, p = 0.89$ bzw. $F = 0.76, p = 0.39$).

7.6 Prüfung des Zusammenhangs zwischen der vorherrschenden Einstellung und dem Arousal

Für die Überprüfung der Hypothese H2 wurden alle oben genannten Verfahren zur Ermittlung des Arousals verwendet. Um den Zusammenhang der Veränderungen in der Hautleitfähigkeit mit der prä-manipulativen Einstellungsvalenz zu untersuchen, wurde die codierte Einstellungsvalenz verwendet, da die Hypothese davon ausgeht, dass sowohl hohe positive wie auch hohe negative Werte mit erhöhter elektrodermaler Aktivität einhergehen.

Zunächst haben wir berechnet, inwiefern sich die transformierten Werte der drei Indikatoren für die Hautleitfähigkeit in der Dissonanzphase von der Ruhephase unterscheiden. Ein *t*-Test für abhängige Stichproben zeigt, dass sich das SCL der Probanden in der Dissonanzphase von der Ruhephase unterscheidet. Der *t*-Wert von 38.72 ist mit $p < 0.001$ hoch signifikant. Auch die Veränderungen der phasischen Hautleitfähigkeit (NS.SCR.freq bzw. Summenamplitude) unterscheiden sich in der Dissonanzphase signifikant von der Ruhephase ($t = 1.88, p < 0.05$ bzw. $t = 5.60, p < 0.001$). In allen drei Fällen liegt der Wert der Dissonanzphase über demjenigen in der Ruhephase (siehe *Tabelle 5*). Die Probanden steigerten ihre Hautleitfähigkeit in der Dissonanzphase signifikant zur Ruhephase.

Tabelle 5

Mittelwerte der Indikatoren für die elektrodermale Aktivität sowie deren Veränderung zwischen der Ruhe- und der Dissonanzphase

	Mittelwert			
	Ruhephase	Dissonanzphase	Differenz	p
Delta SCL	-0.74	0.98	1.72	0.001
NS.SCR.freq	21.56	23.50	1.94	0.033[a]
Summenamplitude	5.05	8.01	2.96	0.001

[a] einseitiges Signifikanzniveau

Diese Ergebnisse sagen allerdings noch nichts über den Zusammenhang zwischen der prä-manipulativen Einstellung (Valenz und Intensität) und dem post-manipulativen Arousal aus. Zunächst prüften wir anhand von Hypothese H2a den Zusammenhang zwischen der vorherrschenden Valenz der Einstellung und dem psychophysiologischen Arousal.

> Hypothese H2a:
> Je extremer die Einstellungsvalenz, desto höher fällt das psychophysiologische Arousal aus.

Je extremere Werte die Probanden in der Messung der ersten Einstellungsvalenz ausweisen (positiv sowie auch negativ), desto höher ist die Diskrepanz zur getätigten Handlung und als Folge sollte die erlebte Dissonanz stärker ausfallen. Dies könnte uns einen ersten Hinweis für die Geltungsbereiche der beiden Theorien liefern. Eine lineare Beziehung würde bedeuten, dass bei einer grossen Diskrepanz Arousal entsteht, was konform zur Dissonanztheorie wäre. Bei einer geringen Diskrepanz sollten die Probanden wenig oder kein Arousal zeigen, was für die Selbstwahrnehmungstheorie sprechen würde. Die Berechnungen für den alleinigen Einfluss der Valenz zeigen allerdings keinen signifikanten Zusammenhang zwischen der codierten Einstellungsvalenz und den Veränderungen im SCL und in der SCR. *Tabelle 6* gibt eine Übersicht über die Korrelationskoeffizienten.

Tabelle 6

Korrelationen zwischen der Einstellungsvalenz und den verschiedenen Indikatoren des Arousals

Korrelierte Variablen	r	p
Einstellungsvalenz		
Delta SCL	0.01	0.97
Summenamplitude	0.11	0.36
NS.SCR.freq.	-0.02	0.84

Die Hypothese H2a muss folglich verworfen werden. Die vorherrschende Einstellungsvalenz steht in keinem systematischen Zusammenhang zur gesteigerten elektrodermalen Aktivität.

Hypothese H2b postuliert einen Zusammenhang zwischen der vorherrschenden Einstellungsintensität und dem gesteigerten Arousal. Je stärker eine Einstellung also ausgeprägt ist, desto stärker sollten die Probanden Dissonanz erleben und somit ein erhöhtes Arousal zeigen. Auch hier würde ein linearer Zusammenhang die entsprechenden Gültigkeitsbereiche der beiden Theorien aufzeigen. Eine starke Einstellungsintensität stünde dann gemäss Dissonanztheorie mit hohem Arousal im Zusammenhang, während eine schwache Einstellung gemäss Selbstwahrnehmungstheorie mit keinem (oder wenig) Arousal einherginge.

> Hypothese H2b:
> Je stärker die Einstellungsintensität, desto höher fällt das psychophysiologische Arousal aus.

Um dies zu prüfen, rechneten wir wiederum Korrelationen, diesmal zwischen den Intensitätswerten der ersten Einstellungsmessung und den drei Indikatoren des Arousals. Auch hier sind die Korrelationskoeffizienten nicht signifikant. Es besteht also kein systematischer Zusammenhang zwischen der vorherrschenden Einstellungsintensität und dem gesteigerten Arousal. Hypothese H2b muss folglich abgelehnt werden. Tabelle 7 zeigt die entsprechenden Korrelationskoeffizienten.

Tabelle 7

Korrelationen zwischen der Einstellungsintensität und den verschiedenen Indikatoren des Arousals

Korrelierte Variablen	r	p
Einstellungsintensität		
Delta SCL	0.01	0.96
Summenamplitude	-0.04	0.76
NS.SCR.freq.	0.11	0.35

Hypothese H2c postuliert nun einen gemeinsamen Einfluss der Einstellungsvalenz und -intensität auf das gesteigerte Arousal.

> Hypothese H2c:
> Je extremer die Einstellung aufgrund der Interaktion zwischen Valenz und Intensität, desto höher fällt das psychophysiologische Arousal aus.

Für die Prüfung dieser Hypothese führten wir eine multiple Regressionsanalyse mit den unabhängigen Variablen der Einstellungsvalenz, -intensität sowie deren Interaktion[5] und der abhängigen Variable des Summenamplituden-Verhältnisses durch. Abbildung 5 zeigt die β-Werte der einzelnen Faktoren im Gesamtmodell.

---

[5] Die Interaktion wurde anhand einer Multiplikation zwischen der codierten Einstellungsvalenz und der Einstellungsintensität berechnet. Eine Versuchsperson wies bei der Einstellungsvalenz den Wert 0 auf und wurde deshalb für diese Berechnung aus dem Datensatz entfernt, da die Interaktion ebenfalls 0 ergeben hätte.

```
┌─────────────────────────┐
│  Einstellungsvalenz     │──── 0.93* ────┐
└─────────────────────────┘               │
                                          ▼
┌─────────────────────────┐         ╭──────────────╮
│  Einstellungsintensität │── 0.39 →│   Arousal    │
└─────────────────────────┘         │(Summenamplitude)│
                                    ╰──────────────╯
┌─────────────────────────┐               ▲
│  Valenz x Intensität    │──── -1.00 ────┘
└─────────────────────────┘
```

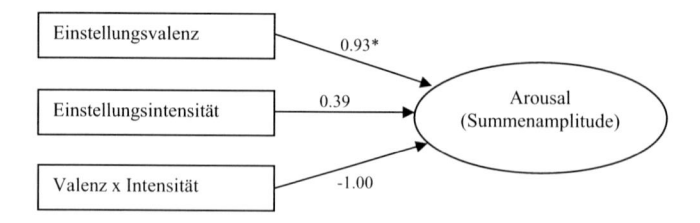

Abbildung 5. Betagewichte der multiplen Regression zwischen Einstellungsvalenz, -intensität sowie deren Interaktion und dem psychophysiologischen Arousal.

---

* p < 0.05

Unter Berücksichtigung der Einstellungsintensität sowie der Interaktion zwischen Einstellungsvalenz und –intensität besteht ein signifikanter Zusammenhang zwischen Einstellungsvalenz und der relativen Zunahme der Summenamplitude zwischen den beiden Messphasen ($\beta = 0.93$, $p < 0.05$). Man muss allerdings beachten, dass das Gesamtmodell nicht signifikant ist ($F = 1.51$, $p = 0.22$). Die Varianzaufklärung durch das Gesamtmodell beträgt zudem lediglich 6.5%.

Dasselbe Regressionsmodell wurde auch mit den anderen beiden Indikatoren des Arousals berechnet. Auch hierbei konnten keine signifikanten Resultate gefunden werden ($F = 0.27$, $p = 0.84$ für die abhängige Variable *Delta SCL* und $F = 0.60$, $p = 0.62$ für die abhängige Variable *NS.SCR.freq*). Hypothese H2c müssen wir daher ebenfalls verwerfen. Das β-Gewicht der Einstellungsvalenz zeigt jedoch, dass zumindest ein Teil der erhöhten elektrodermalen Aktivität auf die vorherrschende Einstellungsvalenz zurückzuführen ist.

Die Ablehnung der drei Unterhypothesen führt dazu, dass auch die Haupthypothese H2 abgelehnt wird. Es besteht also kein systematischer Zusammenhang zwischen der vorherrschenden Einstellung und dem durch die kritische Handlung ausgelösten Arousal.

7.7 Prüfung der Indikatoren zur Dissonanztheorie

> Hypothese H3:
> Je stärker die Dissonanz in Form von psychophysiologischer Anspannung, desto grösser ist die daraus resultierende Änderung der Einstellungsvalenz zugunsten der getätigten Handlung.

Diese Hypothese impliziert, dass uns die Manipulation gemäss Hypothese H1a gelungen ist. Die Probanden sollten also aufgrund der kritischen Handlung ihre Einstellungsvalenz zugunsten der Handlung verändert haben. Grösstenteils ist uns diese Manipulation gelungen, dennoch gibt es einige Personen, die ihre Einstellungsvalenz in die entgegen gesetzte Richtung verändert haben ($N = 21$). Da wir für diese Personen keinen Zusammenhang zwischen Arousal und Änderung der Einstellungsvalenz postulieren können (und dies auch nicht Bestandteil dieser Hypothese ist), haben wir sie für die Überprüfung der Hypothese H3 ausgeschlossen.

Wiederum haben wir für die Berechnung der Korrelationen alle drei Indikatoren der elektrodermalen Aktivität herangezogen. So wurde die Veränderung der Einstellungsvalenz mit der Veränderung des SCL, mit der Veränderung der Anzahl Spontanfluktuationen sowie mit dem Unterschied der Summenamplitude zwischen der Ruhe- und der Dissonanzphase verglichen. Die Resultate zeigen, dass kein signifikanter Zusammenhang zwischen dem Arousal und der Einstellungsvalenz besteht. Hypothese H3 muss daher abgelehnt werden. Die Korrelationskoeffizienten und das zugehörige Signifikanzniveau sind in Tabelle 8 ersichtlich.

Hypothese H3 postuliert einen Zusammenhang zwischen dem Arousal und der Veränderung der Einstellungsvalenz. Die Hypothese muss in dieser Form abgelehnt werden. Es liegt jedoch die Vermutung nahe, dass das Arousal auch im Zusammenhang mit der Veränderung der Einstellungsintensität stehen könnte. In Tabelle 8 ist ebenfalls ersichtlich, dass die Veränderung der Einstellungsintensität auch in keinem signifikanten Zusammenhang mit den Indikatoren des Arousals steht.

Tabelle 8

Korrelationen zwischen der Veränderung der Einstellungsvalenz bzw. –intensität und den verschiedenen Indikatoren des Arousals

Korrelierte Variablen	r	p
Delta Einstellungsvalenz		
Delta SCL	0.17	0.25
Summenamplitude	0.05	0.73
NS.SCR.freq.	0.16	0.27
Delta Einstellungsintensität		
Delta SCL	-0.11	0.46
Summenamplitude	0.02	0.87
NS.SCR.freq.	-0.08	0.59

7.8 Prüfung der Indikatoren zur Selbstwahrnehmungstheorie

> Hypothese H4:
> Eine Einwilligung in zwei kritische Handlungen führt zu einer stärkeren Änderung der Einstellungsvalenz als eine Einwilligung in nur eine kritische Handlung.

Um zu prüfen, ob eine Einwilligung in zwei kritische Handlungen im Vergleich zur Einwilligung in eine kritische Handlung die Änderung der Einstellungsvalenz verstärkt, wurde eine ANOVA berechnet. Der F-Wert ist mit 0.87 nicht signifikant ($p = 0.36$).

Obwohl wir versucht haben, den Zeitabstand zwischen der ersten und der zweiten Einstellungsmessung auf genau eine Woche festzulegen, ist uns dies nicht immer gelungen. Der Abstand der beiden Einstellungsmessungen variiert von einem Tag bis 29 Tage, der Mittelwert liegt bei 8.13 Tagen. Wir vermuten nun, dass dieser Unterschied ebenfalls einen Einfluss auf die Veränderung der Einstellungsvalenz hat, da sich die Probanden bei einem kurzen Zeitabstand besser an ihre prä-manipulative Einstellung erinnern können. Eine Korrelation zwischen den Variablen *Delta Einstellungsvalenz* und *Dauer zwischen den Messungen* ist mit $r = 0.26$ signifikant ($p < 0.05$).

Da die Dauer zwischen der ersten und der zweiten Einstellungsmessung tatsächlich einen Einfluss auf die Veränderung der Einstellung hat, haben wir die ANOVA um eine Kovarianzanalyse mit der Kovariate *Dauer zwischen den Messungen* ergänzt. Die ANCOVA resultiert zwar in einem signifikanten F-Wert von 3.31 für das Gesamtmodell ($p < 0.05$), der Einfluss der Handlungen alleine bleibt jedoch mit $F = 1.49$ nicht signifikant ($p = 0.23$)[6].

Hypothese H4 muss folglich ebenfalls verworfen werden, da nur die Dauer zwischen der ersten und der zweiten Einstellungsmessung die Einstellungsänderung auf der Dimension *Valenz* beeinflusst.

7.9 Prüfung des Gesamtmodells

Neben der isolierten Prüfung der einzelnen Hypothesen wollen wir schliesslich noch das gesamte Modell anhand einer Regressionsanalyse prüfen. Obwohl wir abgesehen von Hypothese H1a und H1b alle bisherigen Hypothesen verwerfen müssen, liegt die Vermutung nahe, dass die verschiedenen Variablen miteinander interagieren könnten. Hypothese H1b, Hypothese H3 und Hypothese H4 postulieren allesamt einen Einfluss auf die Variable *Änderung der Einstellungsvalenz*. Zudem hat sich gezeigt, dass auch die *Dauer zwischen den Messzeitpunkten* diese Variable beeinflusst. Eine multiple Regression prüft nun, wie die einzelnen Faktoren, unter Berücksichtigung der anderen Faktoren sowie deren Interaktion, auf die Änderung der Einstellungsvalenz wirken. Das Regressionsmodell und die zugehörigen β-Gewichte sind aus *Abbildung 6* ersichtlich. Hierbei wurden analog zu Hypothese H3 wiederum nur diejenigen Probanden berücksichtigt, die ihre Einstellungsvalenz nicht oder zugunsten der getätigten Handlung veränderten ($N = 49$).

Auch unter Berücksichtigung aller Faktoren im Gesamtmodell bleibt der Zusammenhang zwischen der Änderung der Einstellungsvalenz und den einzelnen Faktoren sowie deren Interaktionen nicht signifikant. Lediglich die Dauer zwischen den Mess-

---

[6] Die ANOVA und ANCOVA wurden zusätzlich – analog zur Hypothese H3 – nur mit denjenigen Probanden durchgeführt, die ihre Einstellungsvalenz nicht oder zugunsten der getätigten Handlung veränderten ($N = 49$). Auch in diesem Fall war der Einfluss der Handlungen in beiden Fällen nicht signifikant ($F = 1.16$, $p = 0.29$ bzw. $F = 2.02$, $p = 0.16$)

zeitpunkten übt einen signifikanten Einfluss auf die Veränderung der Einstellungsvalenz aus ($p < 0.05$). Folglich muss auch das Gesamtmodell verworfen werden.

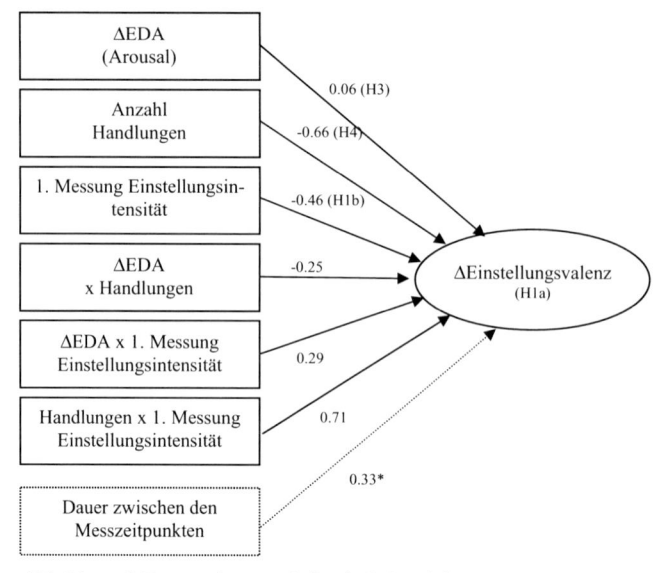

Abbildung 6. Regressionsmodell mit β-Gewichten.

* $p < 0.05$

8 DISKUSSION

8.1 Interpretation der Ergebnisse

Die Dissonanz- und die Selbstwahrnehmungstheorie gehen beide davon aus, dass eine Person ihre Einstellung zugunsten der getätigten Handlung verändert. Hypothese H1a postuliert eine solche handlungsbedingte Einstellungsänderung. Die statistischen Verfahren zur Überprüfung dieser Hypothese haben gezeigt, dass diese Änderung der Einstellungsvalenz stattgefunden hat. Wir können also davon ausgehen, dass die Voraussetzungen für die beiden Theorien erfüllt sind.

Weiter zeigen die Ergebnisse der statistischen Verfahren, dass es weder einen signifikanten Zusammenhang zwischen der Einstellungsintensität und der Einstellungsvalenz, noch zwischen der Einstellungsintensität und der Änderung der Einstellungsvalenz gibt. Eine stark positive bzw. negative Einstellungsvalenz bedeutet also nicht zwingend, dass diese Einstellung auch intensiver ist. Zudem ändern Personen ihre Einstellungsvalenz gegenüber *20min* nicht stärker, je geringer die Einstellungsintensität ist. Dies entspricht zwar unseren Erwartungen, liefert jedoch alleine noch keinen Hinweis dafür, ob die Annahmen hinsichtlich unseres Erklärungsansatzes zur Einstellungsbildung und –änderung angenommen werden können. Ein anderer Grund für das gefundene Ergebnis als das von uns postulierte, dass sich die gegensätzlichen Vorhersagen beider Theorien gegenseitig aufheben, könnte sein, dass das Thema *20min* für die Probanden zu wenig Relevanz hat. Der Mittelwert des Items *Wie wichtig ist 20min für Sie persönlich* (Skala von 1 bis 10) beträgt bei der ersten Messung 5.08 und bei der zweiten Messung 4.99. Dies zeigt, dass *20min* für die Probanden nicht besonders wichtig ist. Die Werte liegen im mittleren Bereich.

Ein generelles Problem beim gewählten Thema ist die häufige Konfrontation mit der Gratiszeitung *20min*. 43% der Probanden gab an, *20min* 3-4x pro Woche zu lesen. Weitere 34% lesen sie 1-2x pro Woche. Es wäre möglich, dass der Eindruck einer Tageszeitung stark variieren kann, je nach dem, was gerade in den Schlagzeilen steht bzw. wie die Zeitung mit aktuellen Themen umgeht. Als die Probanden zum vereinbarten Termin erschienen, haben sie vielleicht einige Minuten zuvor die Zeitung gelesen und sich über einen bestimmten Artikel gefreut oder geärgert. Ebenso wäre es möglich, dass durch die erste Einstellungsmessung die Sensibilität auf die Qualität von Gratiszeitungen gesteigert wurde. Mit *20min* könnte es sich also um ein Thema handeln, dass starken Schwankungen in der Einstellung ausgesetzt ist. Im Gegensatz dazu treten Themen wie *Greenpeace* oder *Kontrolle über das Lehrangebot durch Studenten* weniger häufig auf und werden daher auch weniger oft neu eruiert. Trotz dieser Mängel können die Hypothese H1a für die Änderung der Einstellungsvalenz und die Hypothese H1b für die Unabhängigkeit der veränderten Einstellungsvalenz von der Einstellungsintensität angenommen werden.

Die Hypothesen H2a und H2b postulieren einen Zusammenhang zwischen der vorherrschenden Einstellungsvalenz bzw. -intensität und der Veränderung der elektrodermalen Aktivität. Die Resultate zeigen, dass die elektrodermalen Aktivitäten im Durchschnitt bei allen Probanden in der Dissonanzphase zugenommen haben. Diese Zunahme steht allerdings weder in einem signifikanten Zusammenhang mit der vorherrschenden Einstellungsvalenz, noch mit der Einstellungsintensität. Unter Berücksichtigung beider Variablen sowie deren Interaktion konnte ein signifikanter Einfluss der Einstellungsvalenz auf die Veränderung der Summenamplitude festgestellt werden. Dies könnte ein Hinweis sein, dass zumindest ein Teil des Arousals durch die vorherrschende Einstellungsvalenz zustande kommt. Das Gesamtmodell bleibt aber nicht signifikant und liefert einen äusserst geringen Erklärungsgehalt, da die Varianzaufklärung mit 6.5% sehr gering ist.

Die generelle Zunahme des Arousals in der Dissonanzphase im Vergleich zur Ruhephase spricht gegen die Selbstwahrnehmungstheorie, da diese kein Arousal impliziert, und somit auch gegen unseren Erklärungsansatz. Dieses Ergebnis könnte bedeuten, dass die Versuchspersonen aufgrund der Einwilligung in die kritische Handlung Dissonanz empfinden, unabhängig davon, wie stark ihre ursprüngliche Einstellungsvalenz gepolt ist. Da das erlebte Arousal allerdings auch in keinem systematischen Zusammenhang mit der Einstellungsintensität und folglich mit dem Vorhandensein einer vorherrschenden Einstellung steht, ist auch die Erklärung dieser Resultate anhand der Dissonanztheorie in Frage gestellt.

Eine mögliche Erklärung für die gefundenen Resultate ist, dass andere Faktoren für die erhöhte Hautleitfähigkeit der Probanden in der Dissonanzphase verantwortlich sind. Ein solcher Faktor könnte die Schwierigkeit der zuvor gelösten Aufgaben sein. Die Probanden mussten im Rahmen der Coverstory 10 Minuten lang Rätsel lösen und wurden anschliessend unterbrochen. Viele äusserten daraufhin, dass sie noch nicht fertig seien oder dass sie sehr wenige Aufgaben lösen konnten. Sie bekundeten hauptsächlich Schwierigkeiten beim Lösen der Anagramme. Nachdem die Probanden dann den nächsten Teil durchgelesen und die Einverständniserklärung in die kritische Handlung unterschrieben hatten, begann die Dissonanzphase. Die Vermutung liegt nahe, dass viele Versuchspersonen in dieser Phase über die gelösten und ungelösten Aufgaben nachdachten und sich darüber ärgerten, dass sie nicht alle Aufgaben lösen konnten. Idealerweise hätten die Aufgaben leichter sein und die Versuchspersonen mehr Zeit dafür zur Verfügung haben müssen. Inwiefern die Aufgaben tatsächlich einen Einfluss auf das Arousal der Probanden hatten, könnte mit einer Kontrollgruppe geklärt werden. Diese würde denselben Versuchsplan durchlaufen, allerdings mit einer kritischen Handlung in Form einer einstellungskonformen oder indifferenten Handlung.

Die einstellungskonforme Handlung hätte zudem den Vorteil, dass die Einstellungsvalenz auf dem ganzen Kontinuum erhoben würde. In unserem Experiment liessen wir die Probanden nur eine einstellungskonträre Handlung durchführen. Dies beinhaltet jeweils nur das halbe Kontinuum, da Personen mit einer negativen bis neutralen prämanipulativen Einstellung für *20min*, Personen mit einer neutralen bis positiven Einstellung gegen *20min* argumentieren mussten. Da jedoch das Vorhandensein einer Einstellung durch die Einstellungsintensität definiert wird und die Vorhersagen der beiden Theorien bei einer einstellungskonformen Handlung dieselben sind (beide postulieren in diesem Fall keine Einstellungsänderung und kein Dissonanzerlebnis), haben wir auf diese Kontrollgruppe verzichtet. Die Differenz zwischen einstellungsdiskrepanter Handlung und Einstellungsvalenz dient neben der Einstellungsintensität lediglich als weiterer Indikator für das Arousal und liefert keine Informationen, ob eine vorherrschende Einstellung vorhanden ist oder nicht.

Ein weiteres Problem war möglicherweise die Aufforderung, die Hand möglichst ruhig zu halten. Während dies für die Aufnahme unabdingbar gewesen war, kann es dazu geführt haben, dass die Probanden sich zu sehr darauf konzentrierten, die Hand nicht zu bewegen. Eine Versuchsperson meldete uns dieses Problem. Diese „Sorge", man müsse möglichst starr sitzen, könnte ebenso ein Unwohlsein ausgelöst haben. Hier muss man allerdings bedenken, dass diese Aufforderung auch in der Ruhephase gemacht wurde.

Obwohl wir Hypothese H2 grundsätzlich verwerfen müssen, fand dennoch eine Zunahme der elektrodermalen Aktivität statt. Der Befund aus Hypothese H2c könnte zudem darauf hinweisen, dass zumindest ein Teil des Arousals durch die Ausprägung der vorherrschenden Einstellungsvalenz zustande kam. Hypothese H3 postuliert nun einen Zusammenhang zwischen dieser Zunahme des Arousals und der Änderung der Einstellungsvalenz. Wenn hohe Werte im psychophysiologischen Arousal mit grossen Differenzen in der Einstellungsvalenz der beiden Messzeitpunkte einhergehen, wäre dies ein Indikator für die Dissonanztheorie. Die Resultate zeigen jedoch, dass die Zunahme der elektrodermalen Aktivität zwischen den beiden Phasen in keinem systematischen Zusammenhang mit der Änderung der Einstellungsvalenz steht. Hypothese H3 müssen wir folglich ablehnen, was dazu führt, dass die Dissonanztheorie als Erklärung für das erhöhte Arousal ebenfalls verworfen werden muss.

Eine mögliche Erklärung für den fehlenden Nachweis des in Hypothese 3 postulierten Zusammenhangs könnte die zu kleine Stichprobe sein. Für die Überprüfung der Hypothese H3 wurden nur diejenigen Probanden beachtet, die ihre Einstellung gar nicht oder zugunsten der kritischen Handlung änderten. Es handelt sich dabei um ca. zwei Drittel der Versuchspersonen ($N = 49$).

Eine weitere Erklärungsmöglichkeit liefert der Hinweis, dass das Arousal, wie bereits erwähnt, auf externe Faktoren zurückzuführen ist. Möglicherweise beinhaltet ein Teil des psychophysiologischen Arousals die Dissonanz, die durch die Einwilligung in die kritische Handlung zustande kam. Ein grosser Teil des Arousals könnte aber beispielsweise durch die Unterbrechung beim Lösen der Rätsel entstanden sein. Dieser Teil des Arousals stünde in keinem Zusammenhang mit der Einstellung zu *20min*. Um den tatsächlichen Zusammenhang zwischen der erlebten Dissonanz und der Änderung der Einstellung nachweisen zu können, müssten wir jenen Teil des Arousals heraus partialisieren können, der nicht durch die kritische Handlung entstanden ist. Dieses Problem lässt sich mit unseren Daten allerdings unmöglich lösen.

Schliesslich sollte die Hypothese H4 untersuchen, ob die Einwilligung in zwei kritische Handlungen zu einer grösseren Änderung der Einstellungsvalenz führt als die Einwilligung in nur eine kritische Handlung. Auch diese Hypothese müssen wir verwerfen. Ob die Probanden in eine oder in zwei einstellungsdiskrepante Handlungen einwilligen, wirkt sich nicht auf die Veränderung der Einstellungsvalenz aus. Die Ursache hierfür könnte darin liegen, dass die Instruktion für die zweite Handlung sehr knapp ausfiel. Die Einwilligung in die erste Handlung (das Sammeln von Argumenten) war sehr salient, denn die Probanden mussten eine Einverständniserklärung unterschreiben und sich bereit erklären, die Argumente veröffentlichen zu lassen. Die zweite Handlung (5min lang Argumente mit einem Probanden im Nebenraum diskutieren) wurde nach der Erhebung der Dissonanzphase in einem Satz kurz beschrieben, ehe die zweite Einstellungsmessung erfolgte. Möglicherweise wurde diese Instruktion von einigen Probanden überlesen.

Zusammenfassend ist festzuhalten, dass unsere Hauptannahme aufgrund unseres Forschungsdesigns nicht bestätigt werden kann. Die Hinweise für die Dissonanztheorie bei der Änderung der Einstellungsvalenz sowie die Hinweise für die Selbstwahrnehmungstheorie bei der Bildung von Einstellungen konnten anhand unserer Hypothesen nicht belegt werden. Die Gründe dafür liegen vermutlich vor allem in Mängeln des Forschungsdesigns. Die Interpretationen unserer Resultate lassen einige dieser Mängel erahnen: Erstens war das gewählte Thema nicht ideal, da es zu wenig Relevanz besitzt. Zweitens könnte die häufige Konfrontation mit dem Einstellungsobjekt dazu geführt haben, dass das Thema *20min* durch externe Faktoren konfundiert wurde. Drittens wurden die Probanden beim Lösen der Rätsel frühzeitig unterbrochen, was dazu geführt haben könnte, dass sich die elektrodermale Aktivität in der zweiten Messphase erhöhte. Viertens waren die Instruktionen für die Einwilligung in die zweite Handlung vermutlich zu wenig salient.

Schliesslich ist auch noch anzumerken, dass die Stichprobe generell sehr klein war *(N* = 70). Die Resultate der Regressionsanalysen und Korrelationen können bei kleinen Stichproben sehr stark vom Ausschluss oder Einbezug einzelner Probanden abhängen. Eine grössere Stichprobe hätte sicherlich zu mehr Aussagekraft hinsichtlich der Resultate geführt.

8.2   Erklärung der Resultate anhand der beiden Theorien

Trotz der methodischen Mängel, welche die Planung und Umsetzung des Experiments betreffen, können die gefundenen Resultate anhand der beiden Theorien erklärt werden. Grundsätzlich hat die Manipulation funktioniert, da sich die prä-manipulative Einstellungsvalenz signifikant von der post-manipulativen Einstellungsvalenz unterscheidet. Ebenfalls signifikant unterscheidet sich das Arousal der Dissonanzphase zum Arousal der Ruhephase. Dieser Umstand lässt nun Raum für Spekulationen.

Wenn wir davon ausgehen, dass die Zunahme der elektrodermalen Aktivität tatsächlich auf externe Faktoren zurückzuführen ist, spricht dies im Falle unseres Forschungsdesigns eher für die Selbstwahrnehmungstheorie, auch wenn bereits eine prämanipulative Einstellung vorhanden ist. Schliesslich hätten die Probanden ja keine Dissonanz empfunden und das erhöhte Arousal wäre durch Faktoren in der Umwelt zustande gekommen. Diese Interpretation spricht gegen die Dissonanztheorie. Wenn das Arousal durch externe Faktoren ausgelöst wurde, müsste gemäss der Dissonanztheorie die Möglichkeit zur Fehlattribution dazu führen, dass sich die Einstellung nicht verändert.

Man könnte allerdings auch argumentieren, dass die Probanden eine Fehlattribution in die andere Richtung tätigten. Obwohl das Thema *20min* für die Probanden irrelevant ist und das erhöhte Arousal nicht auf die kritische Handlung, sondern beispielsweise auf die Schwierigkeit der Aufgaben oder auf das Messgerät zurückzuführen ist, könnten die Probanden analog zur Studie von Cooper et al. (1978) die Ursache für das Arousal ungerechtfertigterweise in der Handlung gesehen haben. Diese Fehlattribution zugunsten der Handlung könnte ebenfalls die Einstellungsänderung erklären. In diesem Fall wären sich die Probanden der tatsächlichen Ursache des Unruhezustandes nicht bewusst und würden denken, die einstellungskonträre Handlung sei der Grund für das Arousal. Das Dissonanzerlebnis würde durch das erhöhte Arousal – ausgelöst durch das unvollständige Lösen der Distraktoraufgaben – nachgeahmt. Die Folge wäre ebenfalls eine Änderung der Einstellungsvalenz.

Schliesslich spricht auch gegen die Selbstwahrnehmungstheorie, dass eine Verstärkung durch die Einwilligung in zwei Handlungen zu keiner grösseren Veränderung der Einstellungsvalenz geführt hat. Gleichzeitig könnte man auch für die Dissonanztheorie erwarten, dass eine Einwilligung in zwei Handlungen das Dissonanzerlebnis verstärkt und in einer grösseren Änderung der Einstellungsvalenz resultiert. Daraus können wir ableiten, dass die Manipulation hinsichtlich der Anzahl Handlungen wohl nicht funktioniert hat.

Es gibt also nach wie vor die Möglichkeit, die gefundenen Ergebnisse sowohl aus dissonanztheoretischer als auch aus selbstwahrnehmungstheoretischer Sicht zu erklären. Dass die von uns postulierten Hypothesen H1b bis H4 nicht angenommen werden können, bedeutet nicht zwingend, dass unsere Hauptannahme falsch sein muss. Eine Replikation der Studie mit einer grösseren Stichprobe, einem für die Probanden relevanteren Thema, einer eindeutigeren Manipulation der Anzahl Handlungen und dem Einbezug einer Kontrollgruppe würde sicherlich Aufschluss darüber geben, inwiefern sich die beiden Theorien unterscheiden. Die Zeitdauer zwischen den Einstellungsmessungen müsste dabei idealerweise konstant gehalten werden. Weiter müsste man stärker darauf acht geben, dass das psychophysiologische Arousal nicht durch externe Faktoren beeinflusst wird, sondern lediglich durch ein allfälliges Dissonanzerlebnis zustande kommt.

Denkbar wäre sicherlich auch ein anderer Versuchsplan, bei dem die Einstellung zu einem neuen (relevanten) Thema manipuliert würde. Man könnte ein neues Thema wählen, bei dem man davon ausgehen kann, dass die meisten Personen keine Einstellung dazu haben. Die eine Experimentalgruppe könnte sich dann beispielsweise durch Priming mittels Argumenten eine Einstellung zum Thema bilden, während eine zweite Gruppe keine solche Einstellungsinduzierung erhält. Dies hätte den Vorteil, dass alle externen Störvariablen hinsichtlich des Einstellungsobjekts ausgeschlossen werden könnten.

LITERATURVERZEICHNIS

Ajzen, I. (2001). Nature and operation of attitudes. *Annual Review of Psychology, 52*, 27-58.

Andrews, K. H. & Kandal, D.B. (1979). Attitude and behavior: A specification of the contingent consistency hypothesis. *American Sociological Review, 44*, 298-310.

Aronson, E. (1997): Back to the future: Retrospective review of Leon Festinger's A Theory of Cognitive Dissonance. *The American Journal of Psychology, 110*, 127-137.

Bandler, R. J., Madaras, G. R. & Bem, D. J. (1968). Self-observation as a source of pain perception. *Journal of Personality and Social Psychology, 9*, 205-209.

Baron, J. & Spranca, M. (1997). Protected values. *Organizational Behavior and Human Decision Processes, 70*, 1-16.

Barton, A. H. (1958). Asking the embarrassing question. *Public Opinion Quarterly, 22*, 67-68.

Bem, D. J. (1965). An experimental analysis of self-persuasion. *Journal of Experimental Social Psychology, 1*, 199-218.

Bem, D. J. (1968). The epistemological status of interpersonal simulations: A reply to Jones, Linder, Kiesler, Zanna, and Brehm. *Journal of Experimental Social Psychology, 4*, 270-274.

Bem, D. J. (1972). Self-perception theory. In: L. Berkowitz (Ed.), *Advances in experimental social psychology* (Vol. 6, S. 221-282). New York: Academic Press.

Bem, D. J. & McConnell, H. K. (1970). Testing the self-perception explanation of dissonance phenomena: On the salience of premanipulation attitudes. *Journal of Personality and Social Psychology, 14*, 23-31.

Ben-Shakhar, G. (1985). Standardization within individuals: A simple method to neutralize individual differences in skin conductance. *Psychophysiology, 22*, 107-113.

Brehm, J. W. & Cohen, A. R. (1962). *Explorations in cognitive dissonance.* New York: Wiley.

Bush, L. K., Hess, U. & Wolford, G. (1993). Tranformations for within-subject designs: A Monte Carlo investigation. *Psychological Bulletin, 113*, 566-579.

Carlsmith, J. M., Collins, B. E. & Helmreich, R. L. (1966). Studies in forced compliance: I. The effect of pressure for compliance on attitude change produced by face-to-face role playing and anonymous essay writing. *Journal of Personality and Social Psychology, 4,* 1-13.

Chaiken, S. & Baldwin, M. W. (1981). Affective-cognitive consistency and the effect of salient behavioral information on the self-perception of attitudes. *Journal of Personality and Social Psychology, 41*, 1-12.

Cialdini, R. B.; Petty, R. E. & Cacioppo, J. T. (1981). Attitude and attitude change. *Annual Reviews in Psychology, 32*, 357-404.

Cohen, A. R. (1962). An experiment on small reward for discrepant compliance and attitude change. In J. W. Brehm & A. R. Cohnen (Hg.): *Explorations in cognitive dissonance* (pp 73-78). New York: Wiley.

Collins, B. E. & Hoyt, M. F. (1972). Personal responsibility-for-consequences: An integration and extension of the "forced compliance" literature. *Journal of Experimental Social Psychology, 8,* 558-593.

Cooper, J., Fazio, R. H. & Rhodewalt, F. (1978). Dissonance and humor: Evidence for the undifferentiated nature of dissonance arousal. *Journal of Personality and Social Psychology, 36,* 280-285.

Cooper, J., Zanna, M. P. & Taves, P. A. (1978). Arousal as a necessary condition for attitude change following induced compliance. *Journal of Personality and Social Psychology, 36,* 1101-1106.

Crano, W. D. & Prislin, R. (2006). Attitudes and persuasion. *Annual Reviews in Psychology, 57,* 345-374.

Croyle, R. T. & Cooper, J. (1983). Dissonance arousal: Physiological evidence. *Journal of Personality and Social Psychology, 45,* 782-791.

Eagly, A. H. & Chaiken, S. (1993). *The psychology of attitudes.* Fort Worth, TX: Harcourt, Brace, Jovanovich.

Eagly, A. H. & Chaiken, S. (2007). The advantages of an inclusive definition of attitude. *Social Cognition, 25,* 582-602.

Elms, A. C. & Janis, I. L. (1965). Counter-norm attitudes induced by constant versus dissonant conditions of role-playing. *Journal of Experimental Research in Personality, 1,* 50-60.

Esser, H. (1986). Können Befragte lügen? Zum Konzept des „wahren Wertes" im Rahmen der handlungstheoretischen Erklärung von Situationseinflüssen bei der Befragung. *Kölner Zeitschrift für Soziologie und Sozialpsychologie, 38,* 314-336.

Fazio, R. H. (1987). Self-perception theory: A current perspective. In M. P. Zanna, J. M. Olson, & C. P. Herman (Eds.), *Social influence: The Ontario symposium* (Vol. 5, S. 129–150). Hillsdale, NJ: Erlbaum.

Fazio, R. H., Zanna, M. P. & Cooper, J. (1977). Dissonance and self-perception: An integrative view of each theory's proper domain of application. *Journal of Experimental Social Psychology 13,* 464-479.

Festinger, L. (1957). *A theory of cognitive dissonance.* Stanford, CA: Stanford Univ. Press.

Festinger, L. (1978). A theory of cognitive dissonance. In Irle, M. & Möntmann, V. (Hg. & Übersetzer): *Theorie der kognitiven Dissonanz.* Bern, Schweiz: Huber. (Originalwerk veröffentlicht 1957)

Festinger, L. & Carlsmith, J. M. (1959). Cognitive consequences of forced compliance. *Journal of Abnormal and Social Psychology, 58,* 203-210.

Gerard, H. B., Conolley, E. S. & Wilhelmy, R. A. (1974). Compliance, justification and cognitive change. In L. Berkowitz (Hg.): *Advances in experimental social psychology* (Vol.7, S. 217-247). New York: Academic Press.

Green, D. (1974). Dissonance and self-perception analysis of "forced compliance": When two theories make competing predictions. *Journal of Personality and Social Psychology, 29*, 819-828.

Greenwald, A. G. (1975). On the inconclusiveness of "crucial" cognitive tests of dissonance versus self-perception theories. *Journal of Experimental Social Psychology, 11*, 490-499.

Harvey, O. J. & Mills, J. (1971). Effect of a difficult opportunity to revoke a counterattitudinal action upon attitude change. *Journal of Personality and Social Psychology, 18,* 201-209.

Holland, R. W., Verplanken, B. & Van Knippenberg, A. (2002). On the nature of attitude-behavior relations: The strong guide, the weak follow. *European Journal of Social Psychology, 32*, 869-876.

Holmes, J. G. & Strickland, L. H. (1970). Choice freedom and confirmation of incentive expectancy as determinants of attitude change. *Journal of Personality and Social Psychology, 14,* 39-45.

Janis, I. L. & Gilmore, J. B. (1965). The influence of incentive conditions on the success of role playing in modifying attitudes. *Journal of Personality and Social Psychology, 1,* 17-27.

Jones, R. A., Linder, D. E., Kiesler, C. A., Zanna, M. & Brehm, J. W. (1968). Internal states or external stimuli: Observers' attitude judgements and the dissonance theory – self-persuasion controversy. *Journal of Experimental Social Psychology, 4*, 247-269.

Kahle, L. R. & Bergman, J. J. (1979). Attitudes cause behaviors: A cross-lagged panel analysis. *Journal of Personality and Social Psychology, 37*, 315-321.

Knox, R. E. & Inkster, J. A. (1968). Postdecision dissonance at post time. *Journal of Personality and Social Psychology, 8,* 319-323.

Lewin, K. (1951). *Field theory in social science.* New York: Harper.

Linder, D. E., Cooper, J. & Jones, E. E. (1967). Decision freedom as a determinant of the role of incentive magnitude in attitude change. *Journal of Personality and Social Psychology, 6,* 248-254.

Lykken, D. T. & Venables, P. H. (1971). Direct measurement of skin conductance: A proposal for standardization. *Psychophysiology, 8*, 656-672.

Nel, E., Helmreich, R. & Aronson, E. (1969). Optional change in the advocate as a function of the persuasibility of his audience: A clarification of the meaning of dissonance. *Journal of Personality and Social Psychology, 12,* 117-124.

Nuttin, J. M., Jr. (1966). Attitude change after rewarded dissonant and consonant "forced compliance": A critical replication of the Festinger and Carlsmith experiment. *International Journal of Psychology, 1,* 39-57.

Petty, R. E., Wegener, D. T. & Fabrigar, L. R. (1997). Attitudes and attitude change. *Annual Reviews in Psychology, 48*, 609-647.

Pomerantz, E. M., Chaiken, S. & Tordesillas, R. S. (1995). Attitude strength and resistance processes. *Journal of Personality and Social Psychology, 69*, 408-419.

Regan, D. T. & Fazio, R. H. (1977). On the consistency between attitudes and behavior: Look to the method of attitude formation. *Journal of Experimental Social Psychology, 13*, 28-45.

Rosenberg, M. J. (1960). A structural theory of attitude dynamics. *Public Opinion Quarterly, 24*, 319-341.

Rosenberg, M. J. (1965). When dissonance fails: On eliminating evaluation apprehension from attitude measurement. *Journal of Personality and Social Psychology, 1*, 28-42.

Rosenberg, M. J. (1968). Hedonism, inauthenticity, and other goals toward expansion of a consistency theory. In R. P. Abelson, (Hg.): *Theories of cognitive consistency: A sourcebook*. Chicago: Rand McNally.

Ross, M. & Shulman, R. F. (1973). Increasing the salience of initial attitudes: Dissonance versus self-perception theory. *Journal of Personality and Social Psychology, 28*, 138-144.

Salancik, G. R. & Conway, M. (1975). Attitude inferences from salient and relevant cognitive content about behaviour. *Journal of Personality and Social Psychology, 32*, 829-840.

Schandry, R. (1989). *Lehrbuch der Psychophysiologie: körperliche Indikatoren psychischen Geschehens* (2. überarb. und erw. Aufl.). München, Deutschland: Psychologie-Verlags-Union.

Schwarz, N. (2007): Attitude construction: Evaluation in context. *Social Cognition, 25*, 638-656.

Sherman, S. J. (1979). Attitudinal effects of unforeseen consequences. *Journal of Personality and Social Psychology, 16,* 510-520.

Snyder, M. & Ebbeson, E. B. (1972). Dissonance awareness: A test of dissonance theory versus self-perception theory. *Journal of Experimental Social Psychology, 8*, 502-517.

Songer-Nocks, E. (1976). Situational factors affecting the weighting of predictor component in the Fishbein model. *Journal of Experimental Social Psychology, 12*, 56-69.

Stone, J. & Cooper, J. (2001). A self-standard model of cognitive dissonance. *Journal of Experimental Social Psychology, 37*, 228-243.

Tesser, A. & Shaffer, D. R. (1990). Attitude and attitude change. *Annual Reviews in Psychology, 41*, 479-523.

Vossel, G. & Zimmer, H. (1998). Psychophysiologie. In Selg, H. & Ulich, D. (Hg.): *Grundriss der Psychologie*. Stuttgart, Deutschland: Kohlhammer.

Zanna, M. P. & Cooper, J. (1976). Dissonance and the pill: An attribution approach to studying rhe arousal properties of dissonance. *Journal of Personality and Social Psychology, 29,* 703-709.

Zimbardo, P. G. (1960). Involvement and communication discrepancy as determinants of option conformity. *Journal of Abnormal and Social Psychology, 60,* 86-94.

ANHANG A: KOGNITIVE AUFGABEN & AROUSAL

Liebe Studienteilnehmerin
Lieber Studienteilnehmer

Vielen Dank für Ihre Teilnahme an dieser Studie.

Nachfolgend werden Ihnen verschiedene kognitive Aufgaben präsentiert. Wir bitten Sie, diese möglichst gewissenhaft zu lösen.

Ihre Angaben werden selbstverständlich anonym behandelt.

Wir möchten Sie darauf aufmerksam machen, dass diese Studie freiwillig erfolgt. Sie können jederzeit aus dem Experiment aussteigen. Trotzdem nehmen Sie an der Verlosung des i-Pods teil und die Studienteilnahme-Stunde wird Ihnen angerechnet.

Freundliche Grüsse

Christopher Weber
Satoshi Probala

ABSCHNITT A – LÖSEN VON RÄTSELN

I. Labyrinth:

Kannst du der Witwe helfen, an Öl und Mehl zu gelangen?

II. Anagramme:

In der untenstehenden Tabelle sind links pro Zeile 5 Buchstaben vorhanden. Diese ergeben in einer bestimmten Reihenfolge jeweils ein Wort. In der obersten Zeile ist ein Beispiel angegeben. Bitte schreiben Sie für jede Zeile das entsprechende Wort in die rechte Spalte.

I	L	C	H	M	MILCH
Z	P	Z	I	A	
R	M	A	U	E	
T	U	B	A	R	
G	O	N	E	B	
G	N	H	I	O	
E	O	R	K	N	
C	L	E	O	K	
D	R	P	E	F	

III. Finde im rechten Bild 10 Unterschiede zum linken Bild:

IV. Kreuzworträtsel:

(Kreuzworträtsel-Gitter mit folgenden Hinweisen:)

- Rasenpflanze
- Wahlübung im Sport
- Laden-, Schank-tisch
- bitterkalt
- Abgötter
- Bierfabrik
- Partner von Patachon
- Schwur
- italienischer Kaffee
- gebratene Fleischschnitte
- Denksportler
- deutsche Vorsilbe: schnell
- erzieherische Härte
- Wortteil: Hundertstel
- US-Basketball Liga
- zwei Rheinzuflüsse
- Opfer von Kain
- Vorname des Komikers Dall

V. Sudoku:

		2	1	5			
	2		7		8		
	5		8	6		9	
1		9					
			8	7			1
		6			7	4	9
					6		7
3		4					
		7	6	5	2		

ANHANG B: MANIPULATION, ZWEITE EINSTELLUNGSMESSUNG UND KONTROLLITEMS

ABSCHNITT B – GENERIEREN VON ARGUMENTEN

In diesem Abschnitt geht es um die Generierung von Argumenten sowie die Messung Ihrer Einstellung.

Auf der Homepage von Students.ch wird ein Artikel über Gratiszeitungen veröffentlicht. Dafür benötigen die Autoren möglichst viele Aspekte, welche die Vor- und Nachteile von 20min hervorheben.

Da wir bereits genügend KONTRA-Argumente bezüglich 20min gesammelt haben, wären wir sehr froh, wenn Sie nachfolgend möglichst viele PRO-Argumente beschreiben würden.

Wir möchten Sie darauf aufmerksam machen, dass diese Aufgabe freiwillig erfolgt. Falls Sie diese Aufgabe nicht erfüllen möchten, können Sie jederzeit aus dem Experiment aussteigen. Sie können trotzdem an der Verlosung des i-Pods teilnehmen und es wird Ihnen trotzdem eine Studienteilnahme-Stunde angerechnet. Wir wären Ihnen aber sehr dankbar, wenn Sie uns diesen Gefallen erweisen würden!

Besten Dank!

Bevor Sie damit loslegen, unterschreiben Sie bitte dieses Blatt, womit Sie sich einverstanden erklären, dass Ihre aufgelisteten Argumente auf Students.ch veröffentlicht werden dürfen.

Einverständniserklärung

Hiermit erkläre ich mich einverstanden, dass Students.ch die von mir gesammelten Argumente, die FÜR 20min sprechen, veröffentlichen darf.

Ort, Datum   Unterschrift

_____   _____

Bitte warten Sie nun 3 Minuten in ruhiger Position, damit eine neue Baselinemessung erhoben werden kann.

Der Versuchsleiter gibt Ihnen Bescheid, wenn Sie weiterblättern können.

Der Ablauf von Abschnitt B sieht folgendermassen aus:
- Zunächst findet eine Einstellungsmessung statt.
- Danach sollten Sie möglichst viele Argumente FÜR 20min sammeln.
- Die letzte Aufgabe besteht darin, dass Sie mit einem anderen Probanden aus dem Nebenraum eine kurze Diskussion (5min) über die Vor- und Nachteile von 20min führen. Sie sollen dabei den Standpunkt PRO-20min vertreten, während Ihr Gegenüber GEGEN 20min argumentiert.

Bevor Sie nun mit dem Sammeln der Argumente beginnen, füllen Sie bitte folgenden Fragebogen aus.

1. Bitte geben Sie für folgende Adjektive an, in welchem Ausmass sie *20min* Ihrer Meinung nach am Besten beschreiben. Die Wortpaare bilden jeweils gegensätzliche Adjektive.

Ich beurteile *20min* und sein Auftreten als...

	5	4	3	2	1	0	1	2	3	4	5	
schlecht	☐	☐	☐	☐	☐	☐	☐	☐	☐	☐	☐	gut
dumm	☐	☐	☐	☐	☐	☐	☐	☐	☐	☐	☐	klug
unangenehm	☐	☐	☐	☐	☐	☐	☐	☐	☐	☐	☐	angenehm
schädlich	☐	☐	☐	☐	☐	☐	☐	☐	☐	☐	☐	nützlich

2. Bitte geben Sie bei folgenden Fragen an, inwiefern diese für Sie zutreffen.

2.1 Wie sicher sind Sie sich Ihrer Einstellung zu *20min*?
sehr unsicher   1   2   3   4   5   6   7   8   9   10   11   sehr sicher   ☐ ☐ ☐ ☐ ☐ ☐ ☐ ☐ ☐ ☐ ☐

2.2 Wie wichtig ist *20min* für Sie persönlich?
sehr unwichtig   1   2   3   4   5   6   7   8   9   10   11   sehr wichtig   ☐ ☐ ☐ ☐ ☐ ☐ ☐ ☐ ☐ ☐ ☐

2.3 Meine Einstellung zu *20min* bildet eine gute Beschreibung von mir selbst.
stimme überhaupt nicht zu   1   2   3   4   5   6   7   8   9   10   11   stimme vollständig zu   ☐ ☐ ☐ ☐ ☐ ☐ ☐ ☐ ☐ ☐ ☐

2.4 Meine Einstellung zu *20min* repräsentiert meine mir persönlich wichtigen Werte.
stimme überhaupt nicht zu   1   2   3   4   5   6   7   8   9   10   11   stimme vollständig zu   ☐ ☐ ☐ ☐ ☐ ☐ ☐ ☐ ☐ ☐ ☐

3.1 Lesen Sie *20min*?   Ja ☐   Nein ☐

3.2 Falls ja: Wie häufig pro Woche lesen Sie *20min* durchschnittlich?

Weniger als 1x pro Woche	1-2x pro Woche	3-4x pro Woche	täglich
☐	☐	☐	☐

Bitte blättern Sie ab jetzt nicht mehr zurück und beantworten Sie folgende Fragen. Achten Sie bitte darauf, dass Sie ehrlich antworten!

1. Hatten Sie während dieser Studie irgendwann das Gefühl, Sie würden zu einer Handlung gezwungen?

| Sicher nicht | 1 O | 2 O | 3 O | 4 O | 5 O | 6 O | 7 O | Auf jeden Fall |

2. Wie bewusst waren Sie sich, dass Sie jederzeit ohne Konsequenzen aus dieser Studie aussteigen konnten?

| überhaupt nicht bewusst | 1 O | 2 O | 3 O | 4 O | 5 O | 6 O | 7 O | sehr bewusst |

3. Ist Ihnen irgendetwas an dieser Studie besonders aufgefallen oder verdächtig vorgekommen?

O Ja   O Nein

Wenn ja, beschreiben Sie bitte kurz, was Ihnen aufgefallen ist.